搏击操

谢　雷　编著

吉林文史出版社

目录

第一章

什么是搏击操

搏击操简介

搏击操是在有氧健美操的基础上融体操、舞蹈、拳击、跆拳道、武术等动作为一体的健身健美有氧运动，在音乐的配合下将各类不同运动技术完美地组合在一起，动作有各种踢腿、刺拳、冲拳、勾拳等，是以增强体质、塑造优美体形、培养良好的姿态为目的，采用体操舞蹈的基本动作，在音乐伴奏下，根据练习者的身体特点，按照全面发展身体各部位的要求，组编成操的一种锻炼形式。它既符合健美的要求，又具有体操的性质、舞蹈的特点。概括地讲，健美操是以人体自身为对象，以艺术创造为手段，融体操、舞蹈、音乐为一体的一项新兴体育项目。有氧搏击操是音乐与动作的完美结合，它具有横跨体育、艺术、教育、医学四大领域的特征，是在运动的基础上培养人体健

康美的一种新兴体育项目。

搏击健身操要求学员像拳击运动员一样戴手套，是在音乐伴奏下，结合健美操、拳击和自由搏击的技术而形成的新型有氧健身操。它具有提高心肺功能、增强身体协调性和肌肉力量的作用，它吸取了拳击运动耗氧大的特点，因此有很好的健美效果。其动作主要由各种拳法、腿法和一些伸展性动作组成。可以说，有氧搏击操是健美操的又一发展，与单纯的拳击也不同，前者的目标是健身，后者的目标是打赢比赛，前者大多数人，无论男女老少都能参加，后者比较容易受伤，不适合大众。有氧搏击操也是对拳击和有氧健美操的升华。

由于有氧搏击操是一种多技术组合的持续练习，而且是在音乐背景下的活动，所以不仅具备一定的健身美体功能，还能使练习者放松心情、消除疲劳以及促进人性和谐，深受人们的喜爱。再就是，有氧搏击操对场地、器材以及气候的要求不高，容易学习，适合普通大众的健身活动，因而适合在全民健身活动中开展。搏击操是现代科学飞速发展，人类走向高效率、快节奏的信息时代的产物。它横跨体育运动、文学艺术和教育活动三大领域，具有体育、音乐、舞蹈、美学和卫生的多种社会效能。随着现代物质文明的提高，人们花钱买健康的观念不断增强，有氧搏击操已成为人们现代文明生活不可缺少的组成部分。也就是说，十几年来，有氧搏击操正是以它独具特色的运动形式和热烈奔放的运动气氛风靡世界，它集中体现了人类为按照美的规律改造世界，并在这个改造过程中不断完善自身的愿望，深受人们的喜爱和欢迎。

搏击操又称跆搏（TAEBO），这项新兴健身操在20世纪90年代中后期起源于美国。跆搏是韵律搏击的一种形式，与普通的对抗

搏击不同，它是在节奏强劲的音乐伴奏下，集舞蹈、拳击、跆拳道、空手道、韵律操为一体，具有减肥健美、娱乐强身等多重作用的新型有氧健身操。搏击健美操是健美操的又一发展，与拳击不同，它的目标只是健身，虽然名中带有“搏击”两字，但并不是竞技比赛，而是以搏击对传统健美操的改造和补充。其具体形式是进行一些拳击和跆拳道的基本拳法和腿法练习。健身者在出拳、踢腿的过程中，随着音乐挥动双拳，动作刚劲有力，让健身者尽情地宣泄，尽情地出汗，并在不知不觉中减掉全身多余的脂肪，充分体现了有氧运动科学合理的健身原则。此外，它训练的方法新颖独特，能够有效促进身体柔韧性及肌肉力量的增长，全面提升身体素质，激发生命活力，具有显著的健身美体效果。其特点是练习中讲求爆发力，经过练习可将身心积聚的疲惫非常有效地释放出来，同时它极富刺激性，经过一段时间的锻炼可使练习者精力旺盛，感觉身体各肌群更加有力。最重要的一点是，搏击操的锻炼可使锻炼者逐步建立自信心。此外，它还具有很高的观赏价值。

❖ 有氧搏击操的锻炼原理

搏击操的基本拳法、腿法都来自竞技搏击类项目，因此在发力感觉上完全与之相同，出拳要快，踢腿要狠。出拳快，即击出后要靠自身马上将拳收回，踢腿狠，即攻击对方某部位力量要重。在音乐伴奏下练习时，只要注重发力的感觉，所有动作都在于出拳、踢腿的过程，不必考虑用全力击出。那么这个过程是很顺畅的，完全在肌肉配合控制下进行的，所以它能充分锻炼到每部分肌肉，尤其对腰腹肌的针对性更强。

1. 增强体质健身强体的作用

经常从事搏击操锻炼，有益于肌肉、骨骼、关节的匀称与和谐

发展，有利于形成正确的体态和健美的形体。长期参加搏击操锻炼，对呼吸系统的机能有良好的影响。它能提高呼吸深度，增加每次呼吸时的气体交换量，这既有利于呼吸肌的休息，又可提高呼吸系统的功能储备，从而保证在激烈运动时满足气体交换的需要，提高机能水平。经常参加搏击操锻炼，还可使心肌增厚，心腔容量增大，血管弹性增强，进而提高心脏的功能，使心搏有力，心输出量增加，从而提高全身供氧能力。

搏击操锻炼，还能提高消化系统的功能，使消化液的分泌增加，吸收加速。另外，还能改善肾脏的血液供应，提高肾脏排除代谢废物的能力。同时对皮肤也有好处，能增加皮肤血液循环，促进其新陈代谢，提高其感觉的灵敏度，加强皮肤对冷热的适应能力，从而增强体质强身健体，加强人体的防御能力。

2. 改善体形健美体态的作用

体形主要是指全身各部位的比例是否匀称和谐，体态指整个身体及各主要部位的姿态是否端庄优美。如果平时不注意体态端正，就可能影响某些骨骼的正常发育，造成脊柱弯曲、含胸驼背等不良体态。

搏击操的独到之处，是它可以对身体比例的均衡产生积极的影响。长期进行搏击操锻炼，能够增进健康，增强体质，改善形体和体态，消除和改善腰腹部沉积的多余脂肪，使体态变得丰满、优美、秀丽动人。同时，它还可使少年儿童形成正确的身体姿势，使青年人动作优美、体态矫健；中年人延缓身体衰老，保持良好体态。总之，经常进行健身搏击操锻炼，可使人们的身体向着匀称、和谐、健美的方向发展。

3. 调节心理，改善神经系统机能的作用

通过搏击操练习中优美明快的音乐节奏、活泼愉快的形体动作，使人陶醉在美的韵律之中，很快排除掉心理上的紧张与烦恼，身心得到全面调节，改善和提高精神面貌和气质修养。同时，参加搏击操锻炼也能提高中枢神经系统的机能水平。它能提高神经过程的强度、集中能力、均衡能力和灵活性，使人的视野广阔，感觉敏锐，分析综合能力增强，生命力旺盛。

搏击操的起源、发展与现状

搏击操属于健美操的一种，是一种年轻、时尚的有氧健美操。健美操是在音乐伴奏下运用各种不同类型的动作，融体操、舞蹈、音乐为一体的身体练习，既是健身美体、陶冶情操的大众健身方式，又是竞技运动的一个项目。现代健美操是在欧洲体操流派的基础上，吸收了东方体操的基本动作和非洲舞蹈中优美而有节奏、有序的动作产生和发展起来的。它具有健美健身、改善体形和体态，以及医疗保健的实用价值。因此，深受广大群众的喜爱。

❖ 健美操的起源与发展现状

1．世界健美操的起源

早在19世纪，欧洲先后在德国、瑞典、丹麦和捷克斯洛伐克出现了各种体操学派，对人体的健美锻炼，都有独特的论述和实践。德国人斯皮斯（1760—1858）富有音乐天才，他把体操从社会上引入学校，他的体操是在音乐伴奏下进行的。瑞典体操家林氏（1776—1839）首先提出健美体操是体操的一类。他认为健美体操是以表现人的思想感情为目的的体操。林氏体操强调身体各部位及身心协调发展，培养健美的体态，促进身体健康。瑞典体操，引起当时许多国家的重视，并传入英、法、美、丹麦等国家。丹麦体操的创始人

纳奇蒂盖尔（1777—1847）传播和修改了德国和瑞典体操。丹麦体操家布克创建了“基本体操”。他把体操动作分成若干类，有身体各部位的动作，有发展身体各种素质的动作，有男、女、老、少都适宜做的各种体操动作。德国、瑞典、丹麦体操体系的形成和发展为现代健美体操的发展奠定了基础。古希腊人对人体健美的崇尚，在世界上是罕见的。

早在2400年前，古希腊雕刻家米隆塑造了一个显示男子健与美的典型——“掷铁饼者”。居住在地中海岸的古希腊人，要出国经商，而且当时的国家之间经常发生冲突，这就需要他们具备强健的身体和剽悍的体格。那时的古希腊人出于朴素的唯物主义观点和乐观主义精神，把身体的健美同力量和生命联系起来，认为世界万事万物之中，只有健美的人体，才是最匀称、最和谐、最庄重、最有生气和最完美的。爱神维纳斯是当时希腊人最理想的女子健美楷模。古希腊人喜爱采用跑、跳、投、掷、柔软体操、健身舞等各种各样的体育项目进行人体造型美的锻炼，他们提出“体操锻炼身体，音乐陶冶精神”的主张。这种把体操与音乐相结合的主张，是现代健美体操发展的重要因素。

近几十年来，随着遍及全球的健身热和娱乐体育的发展，健美操风靡世界。特别是20世纪80年代以来，健美操以其强大的生命力，在世界范围内迅猛开展起来。十几年前，美国的健美操领先发展，兴起了健身操、健身舞，逐步发展到爱洛别克（Aerobic）有氧体操。美国是现代健美操发展十分盛行的国家，而且对世界健美操的发展有着重要的影响。美国的健身俱乐部已创办了上千个，每年跳健身舞的人也已达1800多万。美国每年用于体操、舞蹈和健美操的锻炼经费达2.4亿美元。美国健美操的代表人物好莱坞著名影星简·方达根据自己健身和从事健美操活动的实践体会编写的《简·方达健美操》一书，于 1981 年首次正式在美国出版，立即引起轰动。该书被译成 19 种文字发行，畅销 20 多个国家，发行了上百万册。从资料中，我们了解到简·方达为了追求健美的身体，曾用过“节食减肥法”“饥饿减肥法”“自导呕吐法”，还服过所谓的减肥药，结果把身体弄得很虚弱，得了慢性闭尿病。她在 20 世纪 70 年代后期，进行了健美锻炼，并根据自己的特点和心理，研究总结编排了一套健美操，坚持锻炼，收到了理想的健美效果。她认为健美操可以改变形体，消除身体多余的脂肪，增加肌肉的弹性，使身体和心理感觉更加良好。简·方达从“节食”“药物”等减肥法失败中吸取教训，走上以体育锻炼，特别是用健美操来保持身体健康和体态苗条的成功道路进

行现身说法，对中国和整个世界健美操的推动和发展都有着巨大的影响。

1985 年，美国举行了全国性的健美韵律体操锦标赛，从而将健美操的发展推向竞技阶段。健美操正在从传统的健身向着竞技性方向发展，这是一个重要趋势。这种趋势将在世界范围内产生较大的反响。20 世纪 80 年代美国的健美体操运动处于领先地位。

近些年来，法国的健美操也非常盛行。据《世界体育参考报》报道，有 400 万法国人，每人约花 335 美元报名参加了健美操中心活动。在法国参加健美操活动的人数已超过法国联合会会员人数。仅巴黎就有 1000 多个健美操中心。法国第二电视台的健美操节目成了最受欢迎的节目，每星期日上午 10 点，500 万法国人都要挪开家具，卷起地毯，随着电视台健美操领操员的口令，做一个小时的健美操。巴黎健身俱乐部老板埃里克·西米安说："以前体育锻炼是一种枯燥乏味的活动，但今天的健身舞却其乐无穷。"在各国健身俱乐部的健美操活动中心，人们不惜花钱进行健美操锻炼，来保持形体美。联邦德国每年用于健美操资料和训练经费的开支也达 6 亿马克。

苏联早在 20 世纪 20 年代，就有人做健美操，但不普遍，经过多年发展，后来成为最有群众性的几项体育运动之一。为了发展健美操，苏联国家体委专门组织了多次训练班，培养教练员和指导员。健美操早已列入大、中、小学的体育教学大纲。1980 年冬季奥运会冰上舞蹈冠军娜塔利娅·利尼丘克改行担任健美操指导，定期在电视台向广大群众传授健美操。

在亚洲地区，日本、菲律宾、新加坡等国健美操也很流行。日本关岛一家健身院，他们做的健美操有徒手体操、艺术杂耍等，采用踢、跑、滚、扭动作做操。菲律宾妇女参加爵士健身班，以跳舞

的方式消除积存多余的脂肪。肌肉健美的男子在豪华的健身俱乐部大显身手。韵律体操也奇迹般地风靡了新加坡，对于赶时髦爱美的妇女来说，这种体操几乎是她们保持身体苗条的一个代名词。

2. 中国健美操的起源

健美操源远流长，它起源于生活及人们对人体健美的追求，是体操、舞蹈、音乐逐步发展和结合的产物。早在 697 年，唐代就发明了“消肿舞”，所谓“舞”就是身体的操练。长沙马王堆出土了一张西汉时代的帛画——《导引图》，上面画着 44 个栩栩如生的人的姿势图，从站立、跑、坐等基本姿势开始，做着伸展、转体、弓步、跨跳等动作，就与现代徒手健美操中的许多动作十分相像，从而可以看出，我国汉代人民已经很重视人体的健美锻炼了。著名的汉代医学家华佗所编的“五禽戏”的动作，模仿虎的勇猛扑动、熊的沉稳走爬、鹿的伸头颈、鸟的展翅飞翔、猿的机敏纵跳，这些动作不仅姿态优美，生动有趣，而且使人体各部分的组织得到充分发展，从而促进人体的健美。

早在 1900－1913 年欧美各国体操相继传入我国。据史料记载，早在 1937 年，我国康健书局就出版发行了马济翰先生写的《女子健美体操集》专著，该书以“貌美与体美”“妇女健康的运动”“中年妇女的美容操”“五分钟美容操”“女子健康柔软操”五个题目，阐述了人体美的价值以及练习方法和要求等，还介绍了站立、坐卧的健美体操，并附有 30 多幅照片，其内容与现代女子健美体操有许多相似之处。书中介绍说：“本书所选欧美各国最新发明的体操数种，有适于少年妇女者，有适于中年妇女者，皆为驻颜之秘诀，增美之奇方，至于身体健康，自不待言，但能恒心练习，立可获得美满之奇效。”与此书相继出版的还有《男子健美体操集》，阐述了健美操

对增进人体健康的价值、方法、要求，同时还增加了哑铃轻器械的练习内容，许多动作与现代健美操十分相近。这两本书说明我国早在 20 世纪 30 年代就已介绍和开展了欧美各国的健美操。

3．现代健美操的发展

（1）健美操首先在高等院校得到普及

世界性的健美操热传入我国是在 20 世纪 70 年代末 80 年代初。北京、上海、广州等地相继举办了各种健美操班，有的以芭蕾舞基本动作为主，有的以现代舞动作为主，结合我国具体情况，创编了各种各样的徒手健美操、棍操、球操等，进行人体姿态、形态的训练。随着我国教育制度改革的不断深入，“美育”教育逐渐在学校教育中占有一席之地，健美操的引进与兴起为我国美育教育提供了一个重要手段。

1981－1983 年，为健美操传入我国的初期。此阶段不少高校教师陆续在报刊上登载了一些介绍健美操和探讨美育教育的文章，并编排了一些健美操成套动作，如“女青年健美操”“哑铃健美操”“形体健美操”等；从此，追求人体健与美的“健美操”一词迅速被广大体育工作者所采用。

1985 年，北京体育学院率先成立了健美操研究组，举办了全国体育教师健美操训练班，开设了健美操选修课。由其编排推出的“青年韵律操”传遍全国各大专院校，无数青年学生投入学习之后，许多高校将健美操内容列入教学大纲，使其成为一项重要的体育教学内容，各种健美操教材也陆续出版，促进了健美操的理论研究。与此同时，我国一些大、中、小学校以至幼儿园，在体育课中也增加了健美操内容。1986 年 4 月 6 日至 7 日在广州举办了我国第一次女子健美操邀请赛，有 8 省市 9 支队伍参加，分集体和个人两项，各

队表演了自编的健美操，风格各异，百花齐放，引起了上万名观众的浓厚兴趣，从而拉开了我国竞技健美操比赛的帷幕。1986 年 7 月，在北京举办了首届“健康杯”儿童健美操比赛。1987 年，在北京又举办了第二届“健康杯”儿童健美操比赛。同年 5 月由中央电视台、北京体育学院、康华健美研究所、中国妇女报社等 5 个单位联合主办了全国首届“长城杯”健美操友好邀请赛，吸取了美国阿洛别克健美操比赛项目，结合我国健美操比赛特点，进行了男子单人、女子单人、混合双人、男子三人、女子三人、混合六人 6 个项目的比赛，第一次把健美操列为正式比赛项目。比赛有全国各省、市 30 多个队 200 多名运动员参加。同年，北京体育学院健美操代表中国队，访问了日本，使我国的健美操传入日本。1988 年 4 月，中国老年人协会和老年人杂志在北京举办了中老年健美操比赛。1988 年 6 月，在北京又举办了全国“长城杯”健美操国际邀请赛，中国、美国、日本、克拉克国际健美中心、巴西 5 个国家和地区组织了 330 多名运动员参赛，同时在北京成立了国际健美操协会筹委会，以促进国际健美操的交流与发展。

为了推动全国大学生健身健美操的开展，中国大学生体协、健美操艺术体操协会决定从 1993 年开始，每年在大学生中推广一套由协会审定的健身健美操。

与此同时，表演性健美操和竞技性健美操也开始在学校出现，而高校良好的师资和场馆条件又为竞技性健美操的普及奠定了基础，每年不少高校都组队参加各种形式的全国健美操比赛，如今，高等院校已成为我国竞技性健美操发展的重要基地。2008 年 4 月 28 日，第十届世界健美操锦标赛在德国乌尔姆举行。中国队成绩优异，男子六人操成功卫冕冠军，在其他比赛项目上的成绩也有重大突破，

其中，成年组 17 人，全部为高等院校在校生。

（2）社会健美操热的兴起与普及

1987 年，我国第一家健美操健身中心“利生健康城”面向社会开放，首次把健美操这项新的体育运动介绍给广大人民群众，健美操以新颖的锻炼方式、良好的健身效果很快被人们所接受，吸引了大批的健身爱好者。随后，越来越多以健美操为主要内容的健身中心相继开业。尤其是在北京、广州、上海等大城市，人们的思想观念更加开放，追求健康、追求美成为时尚，且随着生活水平的不断提高，为健康投资逐渐深入人心，投身健身中心从事健美操运动的人越来越多。他们每周进行 2～3 次、每次 1～1.5 小时的健美操练习，通过锻炼，不仅增强了体质，而且娱乐了身心。另外，电视等媒体的健美操节目的大量出现也对社会健美操热的持续发展起到了推波助澜的作用。

我国社会健美操运动的发展随着时间的推移形成了各种流派。这些不同流派的健美操各有特色，但和国际健身健美操的发展还有一定的距离，如在练习的内容上普遍存在着重视操化练习、轻视力量练习和以过多跳跃动作来增加运动负荷等问题。相信今后随着人们对健美操运动认识的不断深入和国际交流的加强，以及中国健美操协会关于社会健美操指导员制度和健美操等级动作的推出，这些问题将逐步得到解决，今后健身健美操练习方法和市场管理也必将向着国际化、科学化、规范化的方向发展。

（3）我国健美操管理体系的建立

1992 年，我国正式使用了国家体委审定的我国第一部健美操比赛规则。随后中国健美操协会正式成立，中央电视台向全国播放了当时的新闻发布会。1992 年 2 月，中国大学生健美操、艺术体操协会在北京成立，另外，全国体育总会和国家教委群体司也负责我国职工健美操运动。中国健美操协会是中国奥委会承认的全国性运动

SAMSUNG

CSSF
中国中学生体育协会

协会。协会的成立，使我国健美操运动进入一个有组织的新时期。1995 年 12 月，我国组队参加了在法国巴黎举办的世界健美操锦标赛，取得了较好的成绩。

随着我国经济与体育制度改革的不断深入，1998 年年初，中国健美操协会由社会体育中心并入国家体育总局体操运动管理中心。这一改革理顺了我国与国际上的关系和我国内部管理体制，并先后制定了《全国健美操指导员专业技术等级实施办法（试行）》《全国健美操大众锻炼标准实施办法》和《健美操等级运动员规定动作》。这些举措对我国健美操运动的普及与提高具有重大意义，必将推动我国健美操运动的快速发展。

2002 年 7 月 24 日至 31 日，在立陶宛的西岸城市长拉番达举行的第七届世界健美操锦标赛上，中国健美操集训队的 12 名运动员，在本次比赛中实现了单项第七和团体第七的重大突破。这标志着我国健美操已走向世界，进入一个崭新阶段。

（4）我国健美操比赛的规范化与多样化

我国健美操运动发展的初期，曾于 1987 年由康华美研究所、北京体育学院、中央电视台等单位联合举办了全国首届“长城杯”健美操比赛，随后又分别组织过儿童、青年、中老年健美操比赛。这些比赛的内容主要是健身健美操，由于举办的单位不同，因此很不规范。直到 20 世纪 90 年代初期，随着中国健美操协会和大学生健美操协会的成立，我国健美操比赛才逐步走向正规化。我国每年举行的正式健美操比赛有全国健美操锦标赛、全国大学生健美操锦标赛和全国职工健美操比赛。从 1997 年开始，又把全国锦标赛改为全国锦标赛暨运动会，增加了中老年组健身健美操的比赛，并把青年组按比赛成绩分为甲、乙组。这种多样性的健美操比赛，可吸引更

多的人参与到健美操运动中来。

（5）国际交流逐步步入正轨

早在 1987 年，北京体育学院健美操队访问了日本，这是我国健美操运动首次走出国门。1988 年，我国举办了“长城杯”健美操友好邀请赛，有中国、美国、日本、巴西等国家和香港等地区的 30 多名运动员参赛。

1995 年年底，我国首次派队参加了由 FIG 在法国举行的第一届世界健美操锦标赛。1998 年，随着健美操协会并入体操中心，我国更重视健美操的国际交往，分别派队参加了 4 月在日本举行的 IAF 世界杯赛、5 月在意大利举行的第四届世界锦标赛和 7 月在美国举行的 ANAC 世界锦标赛。虽然在这些比赛中我们的成绩不够理想，但毕竟是我国竞技健美操走向世界的一个良好开端。1997 年和 1998 年，我国还先后派出 8 人参加了 FIG 组织的国际裁判员培训班和国际教练员培训班。这些国际交流与学习，使我们了解到国际健美操发展的动向和技术发展趋势，加深了我们对国际规则和健美操技术的理解。

总之，健美操已遍及全世界，它正以强大的生命力受到人们的热烈欢迎。健美操作为一个时代的产物，一项美的健身运动，必将随着人们生活水平、经济条件的不断改善，自身内容和形式的不断充实和发展，在世界和我国更加深入广泛地开展起来，它将促进学校体育内容和整个健美锻炼方法的变革，为人类做出贡献。

❖ 有氧搏击操的起源与发展现状

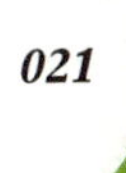

1．搏击操的起源

搏击操这项健身运动起源于美国，最初是由一位黑人搏击世界冠军创造的，最近在国内很受欢迎。它的特点是将拳击、空手道、跆拳道、功夫和一些舞蹈的动作混合在一起，并且配合着动感十足的背景音乐，要求练习者随着音乐出拳、踢腿，在不知不觉中减掉多余的脂肪，富于爆发力和刺激性。其具体形式都是将拳击、空手道、跆拳道、功夫，甚至一些舞蹈动作混合在一起，并配合强劲的音乐，成为风格独特的有氧健身操。搏击操由于瞬间爆发力强、肢体伸展幅度大，运动量比传统的健美操更大，尤其适合脂肪堆积过多的年轻人，堪称是效果十足的“瘦身”运动。当前，人们的工作生活压力普遍较大，搏击操可有效缓解身心负荷，加上它的动作相对简单，越来越多的人选择搏击操作为锻炼方式。

搏击操最早从国外传到我国时，是专业拳击运动员在练动作时放一放音乐，以缓解枯燥的训练，这样，这种锻炼形式被引进健身房，搏击操就此发展起来。真正的搏击操通过很多拳击动作来体现，融合武术、跆拳道和空手道等多种元素，并配以音乐来完成。它富于爆发力和刺激性，经过一段时间锻炼可使人精力旺盛，更有力量，

最重要的一点，可使你建立自信，同时具有很高的观赏价值，每招每式舒展到位，会有一种赏心悦目之感。通过锻炼，你会发觉你的腹部脂肪消失，并且结实富有弹性，每出一拳都坚实有力，每踢一腿都能压倒四方。

2. 有氧搏击操的发展现状

减压、塑身是都市白领永恒的主题，有氧搏击操则是让你在剧烈的运动中完成激情释放的过程。有氧搏击操（kickboxing）的特点是将拳击、空手道、跆拳道、功夫和一些舞蹈的动作混合在一起，并且配合动感音乐，进行一些拳击和跆拳道的基本拳法和腿法练习。健身者随着音乐出拳、踢腿，动作刚劲有力，在极富爆发力的动作中，尽情地发泄、尽情地出汗，在不知不觉中减掉全身多余的脂肪，达

到塑身、减压的目的。由于搏击操更重视瞬间的爆发力、感官刺激，再配上动感音乐，曾经被称作“男人的舞蹈”。但不甘示弱的女性似乎比男性更快地融入这项“男人的舞蹈”中，不知道是不是受了韩流的感染,受了“野蛮女友”的启发。搏击操自从进入各大健身房后，便受到了很多年轻女性的青睐。但是搏击操是适合所有人的，只要根据自身情况调节运动力度，人人都可以参与这项运动。

随着全民健身运动的开展和体育社会化的高度发展，社会上开设健身项目的体育休闲场所逐步增多。有氧搏击操可以提高自信心、肌肉的协调性和必要的技巧与柔韧性。有氧搏击操的教练可以来自拳击教练,也可以来自有氧健美操教练。目前,在众多的健身场所中，搏击健身操是其经营活动中不可或缺的经营项目。它在俱乐部的发展较好，而在其他领域的发展相对较慢。

（1）有氧搏击操在健身场所开展的情况

通过调查可知，有氧搏击操在众多形式的健身操中深受学员的喜爱，因为它是一种把有氧操和拳击运动相结合的时尚健身运动，将跆拳道等武术运动的基本动作组合在一起，刚柔相济，男女都很适合。可以全身减肥，快速瘦腰腹部，还可以发泄情绪，排解心中的郁闷。在经营性健身场所中，有氧搏击操颇受大众欢迎，在 2002 年由国家体育总局体操管理中心和中国体操协会主办的全国健身俱乐部健美操电视大赛中，就有选手以有氧搏击操项目报名参与比赛。技术水平上的崭露头角，主要得益于群众基础的不断扩大和社会的广泛支持。可以预言，讲力度、求速度、变化快和具有防卫效果的有氧搏击操在我国的普及和发展,将随着全民健身热的兴起而走向辉煌。

社会体育研究领域中，当前对体育运动在强身健体、休闲娱乐领域的状况与效果方面的研究是重点，尤其对练习形式的新颖性和

趣味性方面的研究已成为一种潮流。2003 年，中国武术协会组织有关专家创编了我国第一套“功夫节奏——武术健身操”。作为青少年健身的推广节目，这套武术健身操由数十名武术专家、健美操教练员以及音乐编辑专家参与创编工作，并先后在一系列国内外大型体育文化活动中亮相，央视等全国数十家电视台进行了多次播放，受到了社会舆论的广泛好评，特别是引起青少年健身爱好者的积极参与，这在一定程度上进一步推广了我国传统武术的社会化趋势。

据调查，2000－2002 年，北京、上海、武汉、重庆等健身俱乐部都纷纷开展了有氧搏击操这项健身项目，而且选择的人数非常多。可以预测，有氧搏击操将成为 21 世纪最流行的健身项目之一。同时有很多高等院校的体育部都创编了有氧搏击操，并且在有关体育类的活动或比赛中起到表演作用，甚至在一些地方中学体育课中也开展了有氧搏击操，如在广西柳州的多数中学都开展了有氧搏击操课程。另外，有氧搏击操积聚了武术、自由搏击和健美操的优点，能够健身美体，又不受时间、季节和年龄的限制，符合现代人追求运动美的目标，在激昂振奋的音乐声中，舒活筋骨，调整心理，又能给人们带来欢快的情感体验，因此受到广大群众的欢迎。

（2）有氧搏击操所面对的人群

据统计，参与有氧搏击操的健身者男性占了 30%，这是其他健身项目无法相比的现象。有氧搏击操改变了传统健身操的运动形式，其动作要素主要由各种传统武术、拳击以及散打等表现阳刚之气的动作组成，更重视瞬间的爆发力、感官刺激，再加上动感音乐，所以被称作“男人的舞蹈”，而这一点恰恰符合男性对运动方式的要求，让广大的男士大大方方地练习健美操。另外，女性练习搏击操的比率占了 70%。天生爱美的女性为了达到减肥的效果，纷纷选择运动量比传统的健美操更大，能帮助消耗多余脂肪并且能实现完美线条的有氧搏击操。同时，作为有氧运动的一种，搏击操可以提升心肺功能，使脂肪充分燃烧。又由于出拳、踢腿速度快、力量大，这种爆发力可以塑造肌肉线条，增强肌肉力量，让肌肉更结实又可以防身，所以深受女性健身者的欢迎。

参加搏击操的健身者年龄明显呈年轻化趋势，40 岁以下人群占了近 95%，这也充分说明搏击操无论从运动形式还是运动强度上都符合年轻人的运动生理特点，因此搏击操在健身场所中深受年轻人的青睐。

选择搏击健身操作为一种健身手段是人的各种需要的综合体现，其动机具有多元性：除了追求健康、塑造形体是促使大多数学员加入

搏击操健身行列的首要动机外，“提高肌肉爆发力”“发泄心情、放松情绪、缓解生活工作压力”等也是健身者选择搏击操的主要原因。由此也就进一步说明了搏击操作为一种体育时尚、健身手段，具有其时代的必然性。

❖ 有氧搏击操的发展前景

搏击健身操突破了健身操性别上的局限性，同时健身者年龄呈“年轻化”分布，健身者参加搏击操锻炼动机具有“多元化”倾向。另外，从调查中得知，武汉市搏击健身操的健身者，以及将要接触、希望接触搏击健身操的市民们，对此项目有着浓厚的兴趣，也抱以积极的态度。由此可见，搏击健身操在健身俱乐部中有着充分的发展空间。搏击健身操是一项技术环节多、不断创新、不断向前发展、动作多样、节奏富于变化的健身项目，能激发人们的创新欲望，并以其独特的功能性，来推动人们参与的积极性。另外，通过各类媒体的宣传效应来提高有氧搏击操的知名度，塑造其健康形象，让越来越多的人了解并参与有氧搏击健身操。

进入 21 世纪，随着我国经济的高速发展，居民收入不断增加，人们已经开始由温饱需求转向健康追求，而闲暇时间的增多也促使了人们开始考虑如何利用闲暇时间，提高生活质量。大众健身俱乐部因此应运而生。而在众多的健身俱乐部中，搏击健身操是其经营活动不可或缺的项目。健康是人类永恒的梦想与追求，由于有氧搏击操是结合自由搏击和健美操的优点而创设出来的，其具有的健身、健心功能有增强体质、健美体形、提高素质、调节心理、陶冶情操等。社会上的男男女女、老老少少对搏击健身操的兴趣越来越浓厚。在天津健身周活动中，有氧搏击操这项不太陌生的健身操锻炼项目深受天津市民的喜爱和推崇。随着有氧搏击操课程的普遍开展，健身者们从听说搏击操慢慢转变成去了解搏击操，体验搏击操，甚至自发组织一些搏击操的交流活动以及比赛。从这些方面可以看出，有氧搏击操将会被越来越多的不同年龄层次的人所接受，将会受到广大群众的欢迎，在我国的普及和发展会随着全民健身热走向辉煌。

有氧搏击操的目的和特点

❖ 搏击操的目的

1. 搏击操的目的在于促进身体的正常发育，增强肌肉韧带和内脏器官的功能，发展心血管系统和呼吸系统的机能，以及发展肌肉的力量、速度和弹性等基本素质，增进健康，增强体质。

2. 培养正确的身体姿势，矫正不良的身体姿势，形成正确、优美的体态。

3. 协调发展人体各部位的肌肉群，使人体匀称和谐地发展，塑造健美的形体。

4. 培养正确的健美观念，良好的风度、性格和品德以及乐观进取的精神，陶冶美的情操。

❖ 搏击操的特点

与一般的健美操、器械训练不同，有氧搏击操注重用力的有氧多种锻炼，它要求每一个动作的力量都是蓄势而发，全身收紧，对心肺功能和肌肉训练都能起到较好的作用。它具体有以下几方面的特点。

1．搏击操的科学性与适应性

有氧搏击操遵循有氧健身操的锻炼原则：在运动中分三个部分：准备部分、基本部分、放松部分，因此属于有氧运动。在运动中科学、合理地安排运动负荷，目的就是在有氧代谢的基础上，使身体的各个部分都得到锻炼，进而消耗能量、燃烧体内多余的脂肪，最终达到减肥的目的。

有氧搏击操的锻炼不受外界的影响，无论是在家里、广场、办公室都可以很好地进行运动。有氧搏击操的动作比较简单，出拳和踢腿动作比较直观，对锻炼者来说只需要把出拳和踢腿的用力顺序做好就可以了，并不要求锻炼者像实战中那样快速、有力地出拳和踢腿。另外，搏击操不强调动作的复杂性，在运动中的方向变化也比较少。

2．搏击操的安全性与全面性

有氧搏击操严格地按照健身操的结构进行。但因为没有对抗性，强度适中并且运动也可以控制，所以动作的选择以强健身体和避免伤害为原则，安全性较高。

搏击操的运动负荷和节奏是按照人体锻炼的基本结构设计的，充分考虑了锻炼者的可行性。其运动量、运动强度、运动次数都是根据锻炼者的身体承受能力和避免受伤的原则而进行的有氧运动。另外，有氧搏击操的出拳和踢腿没有实质性的目标，只是一个假想的敌人，因此锻炼更安全。

有氧搏击操的练习分为手臂、躯干、步法、腿法及综合练习，虽然只是简单的一个动作，却要用躯体的多部位参与。如直拳动作，首先要通过右腿蹬地，将力量传达到大腿、髋，通过腰部转动的力量传递到胸、肩、手臂，最后才到拳上。

3. 搏击操的广泛性和独特性

搏击操是时代的产物，它给人们带来热情奔放的情感体验，符合现代人追求健美、自娱自乐的需要，因此深受广大群众的喜爱。搏击操吸取了舞蹈语汇中的精粹部分，通过本身的消化吸收成为区别于其他项目的、有自己独特风格的搏击操特色动作。尤其是大量吸收了迪斯科和爵士舞中许多髋部、腰部、腹部的动作，不但加强了髋关节的灵活性，而且大大加强了常使人们忽视的腹腔运动，使呼吸和排泄功能得以改善。髋部运动还能有效地减少臀部和腹部脂肪的堆积，提高动作的协调性和灵活性。有氧搏击操采用中速偏慢的迪斯科音乐，节奏分明，易于分辨。而且，搏击的动作也是经过简化分解的，如拳击中的直拳、勾拳、摆拳等。腿法中有前踢、侧踢、摆踢等。这些动作直观，且运动要求也只限于用力的顺序与用力的位置正确，并不要求像搏击项目那样快速准确，因此一

般人都能够完成这些练习。

4. 搏击操的挑战性与娱乐性

有氧搏击操是在强劲有力的音乐伴奏下，做着整齐有力的动作，发出整齐有力的喊叫声，整个课堂的气氛非常热烈，使有难度的锻炼成为一种娱乐。有氧搏击操和健美操一样具有娱乐性，在节奏感较强的音乐伴奏下，通过强有力的出拳和踢腿，再配合上整齐的喊声，使整个锻炼的气氛非常强烈。同时有氧搏击操也可作为舞台的表演，通过一系列的动作设计，使锻炼者感受出拳、防卫的乐趣。有氧搏

击操在动作的编排和步伐的设计上，不仅能充分调动身体的动力和爆发力，刺激感官，还可以展示很好的舞姿和表演动作。

5. 搏击操具有鲜明的节奏感

搏击操是以自然性、韵律性为节奏、以节奏为其中心的运动，节奏是客观现象的延续性、顺序性和规律性的反映。搏击操的节奏一般表现为动作力度强弱和速度快慢规律性的变化。相同的动作由于力度增强或减弱、速度加快或减慢等节奏变化，就可体现出丰富的内容。如同一个动作可以两拍完成，一拍完成，一拍两动，这是速度的变化。在完成动作时由于肌肉用力的大小、强弱、快慢、刚柔等，就使动作表现出了刚、柔、绵、脆、韧等多种运动形态，形成不同风格的搏击操动作。

搏击操不同的动作和风格，配上适宜的音乐，就更能体现出搏击操的节奏感、韵律性和风格特征。音乐中的高低、长短、强弱、快慢等有节奏性地变化，使搏击操更富有韵律感。健身搏击操的音乐速度为每 10 秒钟 22 ～ 26 拍。竞技搏击操音乐速度为每 10 秒钟 24 ～ 26 拍。音乐是搏击操不可缺少的一部分，音乐是搏击操的灵魂。欢快的音乐可使人情绪中枢兴奋，让人感觉心情愉快，情绪高昂，精神振奋，促人奋发向上。一首美好的乐曲能激发练习者的感情，增强节奏感和表现力，同时能感染周围的气氛，美的旋律能深深地融化在人们的记忆里。

6. 搏击操具有美学功能和观赏价值

搏击操在具有鲜明的节奏感的同时，还具有一定的美学功能和观赏价值。在搏击操练习中，轻松活泼、抒情优美的姿态和高超的表演动作能给人一种美的享受，并能给人留下深刻的印象。人们从发现美、欣赏美、寻找美、塑造美到追求美，爱美是人的天性，人们希望向美的方向发展，用美来丰富自己的生活。而搏击操是进行

美育的一种良好手段，它能培养正确的审美观点，良好的风度、性格和品德来陶冶美的情操，提高艺术修养。

7. 搏击操具有有氧代谢功能性和针对性

有氧健身操的动作设计都是保证了锻炼者在运动的过程中最大限度地燃烧体内的脂肪，以此实现加快新陈代谢，重新建立人体更高机能水平的目的。在有氧运动中，呼吸系统、心血管系统、肌肉系统、循环系统、消化系统、神经系统、骨肌系统都能得到锻炼，特别是可以消除体内多余的脂肪，对于减肥、保持健康、增强体质方面都有良好的效果。

任何身体练习都要承受一定的运动负荷，具有适宜的运动负荷，才能达到健身和健美的目的。搏击操是依靠身体各部位的自身力量，通过多次的重复练习，达到一定的负荷，从而实现肩部或全身的健美追求。搏击操的运动负荷，不仅对全身或某些关节、韧带、肌肉群等进行卓有成效的健美锻炼，而且应该根据练习者的年龄、性别和健康程度等有所区别。如初次参加搏击操锻炼或很久没有参加过锻炼的人，练习时可从健身运动时最大心率的60%开始，然后慢慢地加到70%，最后到80%。

搏击操的场地与装备

搏击操运动内容丰富，易于展开，虽然对场地和装备的要求并不高，但良好的场地和装备有助于练习者达到预期的健身目的。现在就搏击操的场地和装备予以说明。

❖ 场地

搏击操运动最好在健身场馆进行，较高规格的场地可以使健身锻炼的效果更加明显。

1. 规格

健身场馆要保持干净，场面最好是地板，场地尽量大些。

2. 设施

一般应设有镜子，练习者可在镜子前及时纠正动作，还可以通过镜子欣赏到自己的优美动作，激发运动兴趣。

3. 要求

（1）健身场馆应该光线充足，如果灯光昏暗，不利于激发练习者的运动热情；

（2）健身场馆要求有较好的通风条件，以利于练习者的身体健康；

（3）由于健身操动作较多，场地容易起灰尘，场馆地面须经常打扫，这对练习者的健康十分重要。

❖ 装备

进行搏击操运动时，最好穿专业的服装，以增强运动的表现力。

1．服装

一般来说，练习搏击操时，练习者上身应穿紧身小背心，下身

穿大短裤或长裤，材质以吸汗的运动服为宜。

2．鞋

最好选用标准的体操运动鞋，如果没有，也可用带气垫的运动鞋代替。

3．手套

由于手套能够帮助练习者有效地并拢手指，使得在出拳时更有力，所以练习者最好戴上手套。

搏击操运动音乐

搏击操运动音乐是根据搏击操运动所引导的方向而进行选编的一种特定音乐类型，它为创编者在进行成套创编的时候提供源源不断的创作源泉。因此，选编一首好的音乐在搏击操成套创编中是最重要的环节。竞技搏击操音乐选编的目的与健身搏击操音乐选编的目的都是同样的，那就是使音乐与成套动作融为一体，令搏击操的表演更具魅力，更能引起运动者和观赏者的身心共鸣。所以，对搏击操音乐的特点、结构、选择原则以及常用的剪辑软件要有所了解，只有这样我们才能拥有一首好的音乐来指导我们进行成套创编工作。

搏击操运动音乐取材很广，我们可以尽情地运用，当然，带有宗教、色情、暴力色彩的音乐是规则所不允许的。古典的和传统民族音乐都可以使用，但是由于这类音乐节奏都比较慢，而且旋律也比较柔美，所以要求我们对这类音乐做后期二次合成，这就要求必须具备一定的音乐知识和音乐软件操作能力了。我们可以从以下类型中选取搏击操运动音乐 ：(1) 电子音乐 ；(2) 摇滚乐类 ；(3) 交响乐类 ；(4) 民族音乐类 ；(5) 电影音乐。

❖ 搏击操运动音乐的特点

1. 音乐主题思想明确

一首好的搏击操运动音乐应该具备明确的音乐主题思想，它可以使创编者清楚地了解音乐的主题内容，便于创编。同时容易让运动员感受到音乐的内涵，便于理解与表演。重要的是令欣赏者直接感受到创编者的创编意图，起到直接沟通交流的作用。毕竟我们不能做让别人不能理解的事情。

2．音乐鼓点清晰

搏击操音乐一般常用4/4拍和2/4拍的拍子，因为这种节拍的特点是强弱拍清晰，律动感比较强，符合搏击操规则所倡导的方向，同时使运动员比较容易掌握。

3．音乐节奏变化较多

搏击操规则提倡成套的多样化运用，因此多样化的成套内容必须根据音乐来创编，选择或者剪辑一首具有节奏多变的音乐将有助于我们创编成套，迎合规则的需要。当然，音乐节奏不具备多变的因素也可以进行成套多样化的创编，但动作与音乐的融合度就不是很理想了。

4．音乐速度较快

由于搏击操规则所提倡的运动强度的因素，因此我们在选编音乐的时候就要迎合这个原则。但是音乐的速度要控制在一个合理的范围之内，并不是越快越好，关键是适合运动员的能力。

5．旋律感强

音乐旋律的主要作用就是表达主题思想，因此我们在选编音乐的时候要分析出音乐的主题旋律和副旋律，并尽可能地运用它，使它为成套主题的表演做一个很好的载体，表现主题，传播主题。

6．音乐结构相对完整

搏击操音乐时间很短，要在短时间内体现音乐的主题，还要体现多样性的变化，就显得有些困难，因此搏击操音乐的剪辑是一个很重要的因素。我们力求在保证音乐结构完整的基础上体现音乐的多样性变化，这就需要采用多种剪辑方法来实现。当然，如果在保持音乐结构完整和多样性之间选一方，那就要保证音乐结构的完整性。

❖ 搏击操运动音乐的作用

音乐是搏击操意境的一种重要表现形式，好的音乐能够强烈震撼人的心灵，将听众引入美妙的艺术境界，激发听众的情感。情感是搏击操与音乐内在的脉搏。搏击操音乐通常以爵士乐、迪斯科乐、轻音乐、交响乐、民族乐的形式出现。这些音乐容易使重拍强音在与轻拍弱音的对比中得以突现，其节拍的强弱张弛交替给人以强烈的共鸣。因此，搏击操的音乐节奏有激发人情感的功能，其内在的共鸣效应比其他音乐形式更为强烈、生动。

搏击操音乐对运动着的人在情绪感染上有一种较为直接的影响，音乐在空间所具有的扩散力和穿透力能够对人的生理、心理产生一种冲动、强烈的刺激力和影响力。它最能反映人体运动美的内涵。人体技能伴随情感表达在特殊意境中得以升华，使人体的动与情、形与神、身与心相互交融产生共鸣。由于音乐这种特殊的表现形式和凭借它的旋律运动，能直接表达人们内心细致复杂的情感活动，根据这一审美特点，音乐结合搏击操中的韵律必须有着一种自然的诱人的魅力联系。单一的搏击操运动就像无声电影中的一个个镜头，虽有动感但不完善，只有配上与之相适应的音乐，才能完全表达它的内涵。因此，创编一套高质量搏击操时，其动作必须随着音乐的启动而开始，随着音乐的转折而变化，随着音乐的进行而延续，这样才能给人以余音绕梁、形影难忘的感觉。

❖ 搏击操运动音乐的选编原则

1. 音乐鼓点强劲有力，节奏变化多样。

2. 主旋律积极向上，能够带动内心情感的起伏。整套音乐中一定要清楚体现主旋律、副旋律以及过渡音乐，其中最少有两次体现主旋律的地方。

3. 主题风格清晰，感知性强。最好不要在一首音乐中出现两首风格不同的曲子（如果必须要的话，衔接点必须很流畅）。

4. 保持整曲的完整性最重要，在保证音乐完整性的同时考虑多样性。

5. 不得带有规则不允许出现的元素。

6. 剪辑手法要灵活。

7. 速度的设定要依据原曲来进行，过度地改变将破坏原曲的风格和音质。

8. 素材的音质必须高质量，音量大小要适宜，各声部音色定位要清晰。

9. 动效的运用要恰当，不要为了配合动作加动效，应为了完善音乐而加动效。

❖ 选配搏击操运动音乐的注意事项

1. 搏击操音乐是根据规则所引导的方向而进行选编的一种特定音乐类型。

2. 一首好的搏击操音乐应该具备明确的音乐主题思想，它可以使创编者清楚地了解音乐的主题内容，便于创编。

3. 搏击操的音乐取材很广，我们可以尽情地运用，当然，带有宗教、色情、暴力色彩的音乐是规则所不允许的。

4. 搏击操音乐的记写是一个很重要的工作，全面地记写音乐将有助于我们运用音乐创编成套。

5. 如果要在CD播放机播放音乐，那音乐的输出格式必须是WAVE格式。

有氧搏击操的运动魅力

随着我国人民生活水平的迅速提高，健身、休闲、娱乐逐渐成为人们的日常需要，尤其是从 1995 年我国政府全面推行《全民健身计划纲要》以来，通过广泛的宣传和教育，广大人民群众进一步加深了对体育锻炼重要性的认识，人们转变了思想、更新了观念，开始自觉自愿地为健康投资，越来越多的人积极参与到体育运动中来，掀起了一股全民健身的热潮。

搏击操作为一项新兴的体育活动，以其独特的魅力在众多的体育项目中脱颖而出，受到越来越多人的喜爱。目前，在社会上以搏击操为主要内容的各种健身中心遍布我国大、中、小型城市，而且在大、中、小学，搏击操也被列入课程标准，作为正式的教学内容传授。另外，各种以搏击操为主要内容的电视节目的播出，也促进了搏击操运动的开展与普及，使更多的人认识搏击操，并加入搏击操锻炼中来。搏击操已成为全国健身运动的一个重要组成部分。

搏击操融挑战性与娱乐性为一体，是科学、安全、有效、全面的健身运动。让每一个参与者尽情地发泄，尽情地出汗，这就是有氧搏击操带给我们的魅力。

搏击操富于爆发力和刺激性，经过一段时间的锻炼可使人精力旺盛，更有力量，最重要的一点，可使人建立自信。搏击动作同时具有很高的观赏价值，每招每式舒展到位，会有一种赏心悦目之感。

有氧搏击操在强有力的音乐伴奏下健身者做着整齐有力的动作，同时伴着整齐有力的喊声，使整个课堂气氛热烈，加之健身者高昂的热情使锻炼成为一种娱乐，同时使健身者可以得到“挑战”的乐趣。

搏击操作为一项有氧运动，具有所有有氧运动的健身功能，如

全面提高身体素质，提高心肺功能和肌肉耐力，促进肌体各组织器官的协调运作，使人体机能达到最佳状态。它是一项轻松、优美的体育运动，在健身的同时，带给人们艺术享受。它使练习者陶醉于锻炼的乐趣中，减轻了心理压力，促进身心健康发展，从而更增强了健身的效果。

体育是人类社会文化生活的一个重要组成部分，人们经常通过业余时间参与体育运动来达到强身健体、娱乐身心、促进交流的目的。

随着搏击操运动在我国的快速普及与发展，搏击操经常作为表演项目出现在各种场合。对观众来说，观看比赛和表演本身就是一种娱乐行为。在表演过程中，运动员精湛的技艺、强健的体魄，给予观众美的享受，又可以起到振奋精神的作用。

第二章

有氧搏击操的基本动作和基本技术

搏击操的基本动作概念和特点

❖ 搏击操的基本动作概念

搏击操的基本动作是指搏击操中最具典型性、代表性的动作，是进行搏击操练习时必不可少的基础内容，也是搏击操创新的基础。基本动作正确与否，不仅会影响人的健美姿态，还会影响动作的难易程度和锻炼效果。正确的姿势，对人体的骨骼和肌肉的生长发育、内脏器官的正常活动十分重要。了解和掌握健身搏击操的基本动作，可建立搏击操的基本概念，培养动作的协调性和搏击操专项意识，并为搏击操动作设计和教学训练奠定基础。

❖ 搏击操的基本动作特点

1．基本动作是搏击操教学和训练的核心

搏击操所有动作的变化和创新是在基本动作的基础上产生和发展的，身体某个部位的基本动作即具有该部位的共同特征，基本动作是搏击操动作创新的基础，它是健身搏击操教学的主要内容。

2．基本动作是发展搏击操难度和组合动作的基础

初学搏击操时，应首先掌握身体各部位的基本动作。在掌握基本动作的基础上增加动作的复杂性与难度以及组合动作的练习，可采用改善动作速度、动作幅度、动作节奏、动作方向及动作的开始姿势、结束姿势等方法进行练习，才能抓住搏击操的特点，为发展动作难度，完成组合练习打下基础。

❖ 搏击操的基本动作内容

搏击操的基本动作包括基本步法、基本发力、基本拳法和基本腿法，将这些身体各部位的动作组合起来进行练习，可有效地提高协调性和灵敏性，使身体得到全面发展。

搏击操的基本步法

基本步法是初学者必须掌握的基本技术。其包括平行站立、前后开立、平行跳动、平行移动、前后跳动、前后移动、侧吸腿、防守站立和防守蹲等。

❖ 平行站立的动作方法

1．双脚平行站立与肩同宽，脚尖向前，膝关节略屈，重心在双腿之间，双手握拳呈撞击防守姿态。

2．同时双拳护好面部，手臂放在胸前，保证可以随时进攻。

❖ 前后开立的动作方法

1．双脚平行站立与肩同宽。

2．竖直后撤一只脚呈前后开立，脚尖向前，膝关节略屈，重心在双腿之间，双手握拳呈搏击防守姿态。

❖ 平行跳动的动作方法

1．双脚平行站立与肩同宽。

2．身体稍向前倾，脚后跟略抬起，左右跳动，跳动时不要顶胯。

❖ 平行移动的动作方法

在平行跳动的基础上，向左侧或右侧移动，移动时双脚始终分开，不要并拢，使身体更灵活。

❖ 前后跳动

1．首先向前后开立站好。

2．身体稍向前倾，脚后跟微微抬起，前后跳动。

❖ 前后移动

在前后跳动的基础上向前或向后移动，移动时双脚始终分开，不要并拢。

❖ 侧吸腿

1．在平行站立的基础上，同侧手脚以腰部发力带动向中间运动。

2．以右侧为例，右侧向外打开屈膝抬腿的同时，右手屈肘关节下拉，使膝盖和关节相碰。

❖ 防守站立

以右防守为例，马步蹲，左拳放在脸前，右拳放在体侧与胸同高，做好防守准备。防守可以依据进攻方向不同而手臂位置不同。

❖ 防守蹲

在前后开立的基础上，双拳防守，位置升高护住头部，同时下蹲。

搏击操的基本发力

❖ 出拳发力方法

出拳时，首先腿部发力，用力蹬转，提起脚跟，不要扭转，最后带动手臂出拳。以出右拳为例，首先右腿用力蹬转，同时抬起右脚，脚尖向左转动，这样可以对膝盖起到保护作用，然后要不发力扭转。

❖ 踢腿发力方法

踢腿要根据腿法的不同而用力不同，相同的是都要腰部用力。

搏击操的基本拳法

❖ 直拳

直拳可以在平常站立和前后站立姿势上出拳，无论哪种站立姿势都要腿先发力蹬转，然后腰用力，最后是手臂用力。手臂直接打出的同时，旋转拳，手心向下，注意手臂不要完全伸直，这样可以保护肘关节不受伤害。直拳按位置可分为右或左拳，正或侧拳的高、中、低三种。

❖ 勾拳

勾拳的站立姿势和发力与直拳相同，不同的是腰部首先发力扭转并压低上体，然后再发力出拳，手臂始终保持弯曲，拳心向后。

❖ 摆拳

摆拳的站立姿势和发力与直拳完全相同，手臂平抬，随身体的扭动画弧线，手臂始终保持弯曲，手心向下。

❖ 搁挡

搁挡时，脚下可以马步也可以弓箭步。马步尽量低，弓箭步弯曲腿，要注意膝部弯曲的角度不要过大超过脚尖，也就是步幅要大。

❖ 劈

劈时脚下可以马步也可以弓箭步。手劈一般是用掌，可以横劈、下劈。劈也是腰部首先用力带动手臂。横劈时，手臂由头后与肩平行画弧线停在身体正中。手下劈时，手臂则由头后从上至下停在与肩同高的位置。

❖ 肘击

一般采用平行站立，用肘关节进攻，可以分为横击、后击和下击。以右手横击为例，左脚首先蹬地，移动重心至右脚，腰部发力向右移动，左手掌推右手掌至右侧，最后力量到底关节。而左下击时要高抬手臂，右侧腰拉长，然后腰用力收缩，肘下压。

搏击操的基本腿法

❖ 前踢

一般采用前后站立，后脚由膝盖带动直接前抬，然后小腿弹出，脚尖下压。动作完成后，先折叠小腿回到抬腿的姿势再收回。根据左或右侧前踢的高度可分为高、中、低，相对难度也依次递减，练习者可根据自身的不同情况选择高度。

❖ 横踢

前后站立，后脚先扭转脚跟向前，然后顶髋转身抬腿，大小腿夹紧，上体、髋关节、膝盖在一条直线上，不要撅臀，最后小腿弹出，脚尖下压，收回时先折叠小腿回到抬腿的姿势，再收回站好。

❖ 侧踢

平行站立（以右腿侧踢为例），左脚先扭转脚跟向右侧，然后抬右腿，大小腿夹紧，大腿贴近上体，脚外侧拉长，最后右侧蹬伸腿，动作完成后，先折腿回到抬腿的姿势，再收回。侧踢时，上体、髋关节、膝盖、脚也应该在一条直线上，练习方法和前踢、横踢相同。

❖ 下劈

前后站立，后腿伸直抬起，落下脚尖前点。

❖ 后踢

双脚前后站立，首先前腿向后收回，同时下压上体，然后收回后腿让大腿贴于胸部，最后用力蹬出后腿，动作完成后先折腿回到抬腿的姿势，再收回。

❖ 跳踢

跳踢是腿法较难的一种，练习时最好先做原地分解动作，然后再跳起，最后加助跑跳踢。以右腿为例的原地跳踢，屈膝抬起左腿，左腿落下的同时右腿直腿上踢并跳踢。

基本动作练习时应注意的问题

❖ 动作的规范性

动作的规范是建立在动作的准确上，因此练习时肢体的位置、方向及运动的路线一定要准确。此外，注意动作的速度、肌肉力度

和动作幅度，使肌肉充分拉长再收缩，只有这样才能达到动作的整体效果。

❖ 动作的弹性

动作富有弹性是健美操的特点之一，动作的弹性所涉及的身体部位有踝关节、膝关节、髋关节、肘关节、肩关节以及脊柱。在练习时，应注意肌肉的收缩与放松要有弹性，节奏均匀，避免动作过分僵硬和关节过度伸展。在进行高冲击有氧练习和力量性的练习时，应注意调整呼吸，使练习者达到完美的锻炼效果。

❖ 动作的节奏感

掌握好动作的节奏对健美操运动非常重要。练习者要想表现出较好的动作节奏，必须具有一定的肌肉控制能力、音乐节奏感及动作的完成能力。因此，在开始练习时，要重视开发、训练练习者的动作节奏感，使他们在听懂音乐节奏的基础上慢慢掌握动作的节奏感。

第三章

有氧搏击操的运动保健功能及推广价值

形体健美是指具有强壮的体魄、健美的体型、良好的姿势、高雅的气质和风度的一种综合性的人体美。健康是形体美的首要条件，良好的体型是形体健美的基本特征，姿态美为形体健美增姿添色，高雅的气质风度是形体健美的核心。

所谓形体健美锻炼是人为达到形体健美的目的，运用徒手或器械等专门手段或采用综合性手段的锻炼方法，来增强体质、完善体型、端正姿态、培养风度的一种体育锻炼形式。它不像健美运动那样强调发达的肌肉，而是在先天体型的基础上，通过形体练习使体型匀称发展，使仪表姿态变得更加健美端庄。它是适应形体健美的特点和需要，借鉴和综合了健美运动和体操、舞蹈等形体练习的内容而提出的一项具有较新内涵的体育锻炼形式。

塑造健美的体型，培养正确的姿态。人的体型主要由骨骼、关节和肌肉组成。骨骼、关节和肌肉发育正常与否，将决定一个人的体型。形体健美练习内容丰富，能全面发

展身体。经常进行形体锻炼能使骨密质增厚、骨径变粗、骨周围的血液循环得到改善，加强骨的新陈代谢，从而使体型在形态结构上趋于理想化。

培养高雅的气质和风度。气质是人的个性特征之一，主要表现在情绪发生的快慢、强弱，表现的隐现以及动作的灵敏或迟钝方面。风度是人的言谈、举止、态度的表现。不同的运动项目对于人的气质、风度的形成有不同的影响。形体健美锻炼能培养高雅的气质和风度，这是因为进行形体健美练习时，对每个动作应出现的表情、每个动作表达的思想等，都有一定要求的缘故。

增强体质，提高身体素质。形体健美锻炼属于多种形式的综合性体育锻炼方式，它有专门训练形体姿势的把杆练习，有发展身体肌力的重物练习，有发展柔韧、提高协调性和增强心肺功能的练习，也有利用日常生活用具全面锻炼身体或锻炼身体某一部分的练习等。由于形体健美练习方式的多样性，决定了它对身体影响的全面性，因而可达到增强体质、提高身体素质的目的。

有氧搏击操的健身价值

有氧搏击操结合拳击及武术的基本动作，强调运动者必须仿效拳击选手，保持灵活的下肢移动及左右挥拳灵敏的身手，运动量相当大。有氧搏击操不但运动量大，能够帮助健身者消耗卡路里，对促进心血管健康也有所帮助，还帮助减肥，也可锻炼身体各个部位，达到健美健身的效果。同时还可缓解身心压力，很适合现代人。不需要全身动作协调，比韵律操更容易上手，深得健身爱好者的欢迎。

❖ 有氧搏击操可帮助锻炼者强身健体

搏击操以有氧练习为主，注重锻炼的全面性，从而使练习者的心肺功能和运动素质都得到全面性的锻炼。搏击操选用的音乐一般是以快捷、迅速、振奋人心的节奏为主，搭配上有力的动作，使锻炼者充满激情，从而进行高强度的有氧练习。另外，搏击操大幅度的动作可以使肌纤维反复地牵引，从而增加锻炼者肌肉的柔软性和弹性；灵活多变的移动可以提高人的灵敏素质，快速地出拳和踢腿可以提高机体的协调性、敏捷性、平衡感和身体耐力，从而提高人体的综合健康水平。

❖ 有氧搏击操的防卫作用

有氧搏击操在健身操的基础上，结合了拳击、泰拳、跆拳道、散打、太极拳、自由搏击等项目中的攻击性、防御性、实用性等动作。在练习的过程中，也是假想有一个对手站在你的面前，因此它不但可以强身健体，还具有别的健身操不具有的防卫作用。有氧搏击操在练习的过程中要求锻炼者出拳要有力，踢腿要有爆发力，因此还能提高肌肉收缩的速度和力量素质。

❖ 提高身体的协调性和平衡能力

协调性也可以说是灵活性。每个搏击操动作，比如侧踢，都需要很多肌群协调做功才能流畅地完成，因此通过搏击操的训练，可以增强神经肌肉联系、提高身体控制肌肉的能力。搏击操的很多动作是非常态动作，是日常生活中所没有的，比如用一条腿支撑身体，同时另一条腿完成某个动作。尤其是跳跃动作，身体完全腾空，对肌肉的控制能力有很高的要求。当全身离开地面处在空中时，身体需要更多地掌握平衡感觉。

❖ 均衡发展身体

在先天和后天的各种因素影响下，每个人的左右身体都是不平衡的，较多的人习惯右手行动和发力，左手的能力差一些。搏击操注重对左右身体动作一致性的锻炼，左边和右边的动作对称，使两边的肌肉同时得到锻炼。例如,现代女性形体美的模式呈“V”字形，肩宽、腰细、髋窄，臀部上收重心高。具体地说，应有骨骼发育正常，关节无粗大凸出，肌肉结实有力，皮下脂肪适当，五官端正，双目有神，胸部丰满，背部挺直，腹部扁平，腰部较细，有强健的躯干、结实的胳膊和矫健的腿部以及柔和的线条美。

有氧搏击操的生理功能

❖ 有利于增强肌肉力量、耐力和身体弹性

有氧搏击操运动具有显著的生理锻炼价值，从生理学上讲，该运动遵循了人体运动的一般规律，运动形式独具风格，运动内容丰富，以各种强度的肌肉活动使肌肉纤维变粗，进而达到塑造体型的目的，同时运动负荷刺激内脏器官，促进呼吸，加速血液循环，提高神经系统功能，增强机体的免疫力，完善内脏器官的功能等，

从而保证人们的生活质量。从人体健康正常变化的一般规律来看，就青年人来说其正处于 16 ～ 30 岁年龄段，正是身体健康程度较好的时候。这个时期宜进行较强的训练。青年人的骨骼比较结实，骨骼的弹性较大，不易折，也不易变形。在肌肉的生长发育过程中，无论是青年、中年甚至是老年，肌肉部位是最重要的，如果过量的力量训练会给人的肌肉接受度带来困难，造成肌肉线条上的缺陷。有氧搏击操的动作在发力时要求迅速有力，但收缩时自然、放松、快捷，通过局部与综合的动作，在练习过程中动作速度的逐渐加快，大幅度的反复练习，肌纤维的反复伸缩，力量与弹性得到了增强，反应速度加快，各种踢腿对提高下肢的柔韧性也非常有效。因此，练习有氧搏击操可以加强肌肉的力量和耐力，增加弹性，提高身体的柔韧性。

搏击操的抬腿和腾空等动作都需要通过腰和腹部发力并保持身体平衡才能完成。另外，出拳时也需要腰腹部带动整个上身的转动。借助腰和腹部的力量可以使搏击操的动作标准美观，而标准的动作能更加有效地锻炼腰腹部。因此,搏击操对腰腹部的瘦身效果很明显。

❖ 有氧搏击操可促进人体的心血管健康

搏击操的音乐和舞蹈动作设计，可加速交感神经系统的兴奋性，促进相关腺体的分泌，从而使身体达到理想的紧张状态；足够而适度的刺激对心血管系统和呼吸系统的改善有积极的影响，从而使人体的功能得到以下改善：降低血压、增加 HDL 胆固醇总量、增强有氧运动能力、增大心脏体积、增多血液量、增多脂肪的动用与使用、增强心肺功能、增大肺活量。

❖ 有氧搏击操对心肺机能的改变

有氧搏击操运动持续时间长，参与的身体部位多，这对有氧搏击操锻炼的爱好者来说，有利于提高他们的心肺机能。实验的研究显示：参加 4 个月以上有氧搏击操锻炼的爱好者其肺活量增加；坚持 18 个月以上的最大摄氧量也在趋于健康状态，安静心率下降，每搏量指数也明显提高。这说明:通过锻炼提高了呼吸系统的换氧功能，心输出量加大，心血管系统的机能得到提高，从而使整个机体组织的有氧耐力提高，进一步延长了参与有氧搏击操锻炼的时间，使自身的身体素质逐渐能够适应强度递增的练习。

有氧搏击操的心理功能

❖ 改善情感，促进和谐

情感是人对客观事物符合自己的需要而产生的态度和体验。每个人都离不开他人，因而有交际的需要，与他人关系处理的方法好

与坏直接影响到必要的社会交往。有氧搏击操不仅是在节奏明快、强劲有力的音乐伴奏下进行的，更重要的是在有氧搏击操教练的带领下，在众多的锻炼者的参与下进行，在练习过程中可以探讨练习的感受，也可以相互纠正动作，相互学习、鼓励，以达到改进和提高动作质量的目的。练习中锻炼者处在一个欢快、奋进、充满激情的环境中，不自觉地受到环境气氛的感染，抛开心头的烦恼与痛苦，消除孤独感，全身心地投入健身锻炼的行列之中。参加有氧搏击操的锻炼者有着不同的家庭背景，这种锻炼形式为锻炼者人际交往创造条件，锻炼者在运动中可以加强交往，协调人际关系，并能够给在学习、生活中所产生的压抑、不满等消极情绪提供一个宣泄的场所。锻炼者在训练中通过与他人的共同锻炼和相互谦让、尊重，使自我交往意识进一步得到增强，对锻炼所从属的集体及训练内容，表现出积极的认同，因而个体的参与意识较强，整个心理活动积极活跃，从而产生一种精神上的相互信赖和相互交往的亲和感。

❖ 有效促进心理健康

基于有氧搏击操独有的锻炼价值和愉悦的练习特点，近几年，我国部分学校把有氧搏击操作为学生的公共体育选项课的内容之一，同时部分学校也开设了有氧搏击操俱乐部、协会的健身场所，以满足广大学生对有氧搏击操的热爱和追求，也使他们更好地得以锻炼，培养终身体育锻炼的意识，养成科学锻炼的习惯。同时，有氧搏击操的运动项目，以更好地服务于广大有氧搏击操爱好者，使他们增进健康，增强体质，以便更好地服务于社会。有氧搏击操活动与心理健康有着密切的关系，它们相互制约，相互影响。所以，在有氧搏击操活动过程中，应抓住心理健康与有氧搏击操活动相互作用的规律，利用健康的心理来保证有氧搏击操运动的效果，利用有氧搏击操运动来调节人的心理状态，促进心理健康。同时使大众都认识到有氧搏击操运动与心理健康的关系，这有利于人们自觉参加健身活动并以此调节心情，促进身心健康，从而更加积极地投入到全民健身计划的实施中去。

❖ 有氧搏击操可以减压、促进身心健康

搏击操要求锻炼者在锻炼时，腹肌收缩，大吼一声，出拳、踢腿要有力度。这些都是发泄情绪和减轻压力的最好办法。有氧搏击

操在练习过程中要求积极主动地攻击，从而能使锻炼者消除自卑感，提高自信心。有氧搏击操的音乐以快捷、迅速、振奋人心的节奏为主，通过出拳、踢腿的用力，从而使人的心情释放；通过有氧搏击操的锻炼，可以使人精力旺盛，自信心得到提升，从而使人以积极向上的精神投入日常生活和工作中。

有氧搏击操的减肥功能

❖ 有氧搏击操有助于减脂

有氧搏击操采用了长时间中高强度的运动特点，练习者在伸展拳脚时，要求速度和力度的完美结合，通常 1 小时的有氧搏击操可

消耗600卡的热量，在直拳、勾拳、摆拳、正踢、侧踢、侧蹬等搏击动作中，身体的每一块肌肉都参与了运动，需要动用体内大量的能源物质——糖原与脂肪。因此，有氧搏击操运动对于那些希望减脂的人来说无疑是非常有利的。

❖ 有氧搏击操有助于健体塑形

有氧搏击操的拳法和腿形丰富多变，并且要求出拳和踢腿的动作要快速、准确、有爆发力，因此通过锻炼可以使身体的肌肉线条更加明显。另外，有氧搏击操的出拳、踢腿等都要求腹部收紧，并在一定控制的基础上发力，从而达到增强腰腹部的力量，并且可以美化腰腹部的曲线，令你拥有健美体态，因此搏击操有着快速显著的健体塑形的效果。

“形体”分为体态和体形。体态即从我们平时的一举一动表现出来的行为习惯，主要是指整个身体及各主要部位的姿态是否端庄优美。而体形则是我们身体的外形，主要指身体各部分之间的比例，包括人体骨骼比例、脂肪蓄积及肌肉发育程度等。如果长时间不注意体态端正，就可能影响某些骨骼的正常生长发育，导致脊柱弯曲、含胸驼背等。

良好的身体姿态是形成一个人气质风度的重要因素。搏击操练习的动作要求和身体姿态要求与我们日常生活中的状态要求基本一致。因此，通过长期的练习可以改善不良的身体状态，形成优美的体态，从而在日常生活中表现出一种良好的气质与修养。

❖ 有氧搏击操对收缩腰腹的特殊锻炼效果

随着社会的竞争日趋激烈，社会对人才要求的提高，家长对孩

子的期望越来越高，造成学生的负担加重，中学生整日伏案学习，大学生日益懒于体育锻炼，另外上班族的工作压力日益随着社会人才的竞争而加大，导致腰腹肌力量下降。而练习有氧搏击操中的各种拳法与腿法，都要求腰腹发力，可以说腰腹练习始终贯穿整个练习之中，大量的腰部摆动与腹肌的收缩，使锻炼者的腹部变得强健平坦，使更多的锻炼者健康受益。

有氧搏击操如何减脂健美

❖ 健美运动和饮食控制相结合

当人们意识到肥胖症的危害之后，便开始寻找既科学又便于接受的减肥途径，并且想通过减脂来强身健体。健美运动和饮食控制完全符合减脂的两个主要机理和减脂途径。所以，参加健美运动同时控制饮食，使摄取营养与消耗能量比例适中就是健美减脂的最佳选择。

现实生活中，身体肥胖的人多数是饮食结构不科学或饮食过量造成的；加之运动不足，使机体多余的热量转变为脂肪。在肥胖者的队伍中，能量代谢不平衡的占 67.5%，属饮食不当的占少数，如偏好吃甜食、食盐过量的肥胖者占 3.2%；只有极少数肥胖者是遗传因素造成的。有些人尤其是女性在减脂时，只注重节食，这种减脂的方法是不会获得好的效果的。美国生理学家劳伦斯认为：每日减少 0.9 千克的脂肪简直就等于自杀。他解释说：迅速减脂的节食方法，就好像把身上的肉撕下来，是有害而无效的。他提倡的健身且有效的长期减脂方法是：在可以忍受的程度下增加运动量，逐步消耗多余热量。这实际上是健美运动过程中“超量负荷”的道理。

在健美运动结合饮食控制减脂时，要注意以下几点：

1. 全面了解健美运动的内容、原理和方法

只有了解这些，方能科学地设计和编排减脂运动的程序和动作，提高热能的消耗量。

2. 全面了解各种食物所含营养成分的种类及含量

只有了解这些，方能科学地选配健美减脂食物、健美减脂菜谱和健美减脂食谱，控制热能的摄入量。

合理的营养结构。我国膳食的热量主要来源于粮食，因此减少热量的吸收主要是减少主食。但是，在膳食中蛋白质的含量也多来自粮食，所以减少主食摄入应及时补充含蛋白质高的食物。同时要注意多吃不易致胖的食品。这种食品大致分为三类：奶和奶制品；瘦肉、鱼和蛋；蔬菜和水果。经常食用这三类食品能够保证机体的各种营养成分的需要，同时还能控制体重。

3. 健美减脂的决定性条件是意志

综上所述，健美运动与饮食控制相结合，双管齐下是健美减脂的最佳方法，可作为“单纯性肥胖症”的首选治疗妙方。

❖ 减脂健美饮食的方法

1. 减脂健美饮食的原则

（1）减少热量供应，形成热量供求之间的负平衡

单纯性肥胖是由于饮食过度，摄入的热量超过消耗的热量，使剩余的热量转化成了脂肪。所以，减脂治疗必须先从节制饮食、限制热量摄入着手，逐步将所摄入的热量减少至其正常需要的60%～70%。在医务人员的监护下，极度肥胖者可一开始即采用更低热量的饮食。正常减肥速度一般是一个月内体重减轻2.5～3千克。

（2）控制主食，限制纯糖和甜食

如果原来食量较大，主食可采用递减法，一日三餐各减去 50 克，逐步将主食控制在 250 ～ 300 克，养成吃七八分饱的习惯。对含淀粉过多和极甜的食物如甜薯、马铃薯、藕粉、杏仁茶、果酱、蜂蜜、糖果、蜜饯、麦乳精、果汁等尽量少用或不用。要少吃三白食物（精白米、精白面、白糖），主食最好粗细杂粮混用。

（3）适当地提高蛋白质的供给量

减脂者如无心、肾等并发症，每千克体重可供给 1.5 ～ 2 克蛋白质。蛋白质有较高的特殊作用，可增加热能消耗，有利于减轻体重。鱼、虾、海味、鸡肉、兔肉等含蛋白质高，脂肪少，所含热量比猪肉低 3 ～ 6 倍，少油的豆制品也是蛋白质的良好来源，而且对降低血脂有益。

（4）改善烹调方法，应既降低摄入热量又使之有饱腹感

减脂饮食应避免简单化，在低热量的前提下，所用食物应有饱腹感，并与本人口味和食量相适应。尽量采用蒸、煮、熬、炖、凉拌等烹调方法，不要煎炸食物，可以减少热量摄入。

（5）适当的脂肪可以增加饱腹感

限制动物性脂肪和饱和脂肪。烹调用植物油，其所含不饱和脂肪酸可以利胆、降低血清胆固醇。不吃含脂肪高的食物，如黄油、奶油、油酥点心、肥鹅、烤鸭、花生、核桃、油煎炸食物。脂肪要少吃，但并非一点不吃，因为脂肪对维持人体正常生理功能也有重要作用，而且脂溶性维生素 A、维生素 D、维生素 E、维生素 K 是溶解在脂肪里进入人体内的。减脂期间，适量的脂肪可以增加饱腹感。

（6）克服减食过程中出现的假饥饿

在减食过程中，肥胖者可能出现饥饿、头昏、乏力等不适，一般无碍大局，几天后即可适应。长期下去是否导致营养不够呢？这

是不会的。因为肥胖在于脂肪过多，是营养过剩造成的。肥胖的人以往饭量大，不少是长期以来养成的习惯，是心理上而非生理上的需要。因此，节食后感到饿，往往不是真正的饥饿，而是心理习惯上的“饿”，经过一段时间，养成了新的饮食习惯，这种现象就会自然消失。为避免节食初期产生的饥饿感，可选择热量少而体积大的食物，如芹菜、笋、萝卜等。

（7）规定合理的饮食制度

一日不应少于三餐，要定时定量，两餐之间或睡觉前感觉饥饿时，可吃些含水分多和糖分少的水果。俗话说：“早餐吃好，午餐吃饱，晚餐吃少。”实践证明，一日三餐按早、中、晚逐渐减量的办法，最易减脂。

（8）坚持写好减脂饮食日记

及时记录吃进去的每一点东西，并根据食谱，计算其热量。经常翻阅一下自己的减脂饮食日记，认真分析吃东西的时间、地点和理由。每半个月称体重一次，看体重是否减轻。当自己动摇而想打退堂鼓时，可以对比一下自己减脂的前后经过，以增强自己的信心。

2. 减脂健美食物

（1）薯蓣；（2）橘；（3）黄瓜；（4）清粱米；（5）赤小豆；（6）莱菔；（7）木耳；（8）余甘子；（9）山楂；（10）菱角；（11）荷叶；（12）冬瓜；（13）茶叶；（14）兔肉；（15）鸡肉；（16）鱼肉类。

3. 减脂健美食谱

在遵循以上减脂原则和方法的基础上，健美食谱一般以 16 天为一个周期，循环使用；也可以根据季节的变化和实际情况，一天一食谱，相互调配或更换代替使用，选择自己爱吃的食谱，以取得佳效。

❖ 减脂健美运动的原则和注意事项

1. 减脂健美运动的原则

（1）综合性原则

减脂运动必须包括徒手减脂操和利用器械做减脂操等多方面的综合措施，才能取得良好的效果。实践证明：单纯的徒手减脂操和单纯的器械减脂操虽然都能达到减轻体重的目的，但是不能达到最佳的健美减脂效果，只有两者互相配合，才能取得最满意的健美减脂效果。

（2）渐进性原则

健美减脂运动必须有计划、有步骤、按一定的程序进行。开始时运动量要小，时间要短。经过一段时间适应后再慢慢地增加，运动量由小到大，运动项目由少到多，动作由简单到复杂，由易到难，练习时间要从短到长。不要急于求成，要一步一个脚印地练习，否则就达不到预期的效果。

（3）简易性原则

选择易学易练的健美减脂运动项目，动作简单易做才容易坚持和巩固减脂效果。动作虽简单，但只要做得正确和认真，减脂效果就会很好。因此，在开始运动时最好能请人指导。

（4）经常性原则

运动开始后，就应该经常不断地进行，不要任意中断。只有坚持经常、持久的运动，才能引起身体结构和功能发生显著的变化，取得健美减脂运动的最佳效果，千万不要单凭一时的兴趣，高兴的时候练一下，不高兴时就不练，“三天打鱼，两天晒网”。这样的运动，既不能使有机体产生良好的适应性变化和积累，也不能取得良好的健美减脂效果。

2. 减脂健美运动的注意事项

（1）对照测量

用标准软尺在运动前和运动30天后测量一下你的体重和所练部位的围长，进行比较，以便了解减脂的情况和增强减脂的信心。要直接在皮肤上测量，测量时软尺的松紧度要一样，测量的时间也应一致。测量的部位和方法是：

胸围：直立，正常呼吸，用软尺绕胸部一周。

腰围：直立，将软尺置于肚脐处围绕腰部一周。不要收腹或突出腰部。

臀围：直立，将皮尺绕臀一周（最突出部位）。

大臂围：直立，将皮尺绕在上臂肱二头肌最突出的部位测量。

小臂围：直立，将皮尺绕在前臂最粗部位测量。

大腿围：直立，两腿分开同肩宽，测量大腿最粗部位的围长。

小腿围：两腿开立，测量小腿最粗部位的围长。

（2）运动时间

每次要一小时以上。因人体内储存的脂肪至少要在激烈运动一小时后才能开始被肌肉用来做燃料燃烧。身体一进入这种状态，储存在身体各部位的脂肪都会被“调动”起来，通过血液输送到需要能量的肌肉细胞内，同时也将沉积的废物带走。

（3）运动之前必须做准备活动

使身体由松弛状态调整过渡到运动所需要的紧张兴奋状态，把全身肌肉关节活动开，使身体发热，可避免受伤。

（4）运动结束后还要做放松练习和全身按摩

如果能洗一个热水澡更能使你尽快消除运动后的肌肉紧张和疲劳。

（5）做动作时姿势要准确到位

一定要按图解说明和要求去做，并把精力集中于正在练习的部位，注意呼吸自然，切勿屏气，因为完成准确的动作，高度集中的精力和协调的呼吸配合会带来健美减脂运动的最佳效果。

（6）运动虽好，但应以生理耐受量为度

有心血管并发症者要谨慎，过量是有危险的。因此，在参加健美减脂运动时必须注意加强医务监护。

（7）音乐

如果有可能的话（特别是对音乐反应敏感者）每当练习时播放所喜欢的音乐，音乐的韵律节拍有助于维持正在进行着的练习，激励你尽力完成正在执行的训练计划，并帮助你履行那些枯燥的练习程序，使你在减脂训练中更加愉快、更有兴趣，并得到美的享受。

有氧搏击操与全民健身活动

有氧搏击操作为身体锻炼的体育项目之一，练习内容丰富多彩，运动形式、练习内容、强度等均可根据不同人群的需要随意进行调整，且不受环境条件的限制。有氧搏击操的作用与功效都符合当代不同身份不同职业不同背景人们的生理与心理，也符合年轻一代喜欢追求潮流的心态，可以说有氧搏击操在全民健身趋势中的推广，是与新课标相吻合的，有氧搏击操以其特有的特点、新颖性及安全性也将会得到广大健身爱好者的青睐，这些都为有氧搏击操在大众中的开展提供了有利的条件。

《全民健身计划》是一项国家领导、社会支持、全民参与的体育健身计划，目的在于全面提高中华民族的体质和健康水平，基本建成具有中国特色的全民健身体系。全民健身是国民体育改革的重要举措，有氧搏击操作为一种“和谐”的体育锻炼项目，融健身、健美、健心、娱乐为一体，正以其独特的魅力深受广大群众的喜爱，在全民健身中有着巨大的发展潜力，在丰富全民健身运动项目的同时，也为其自身的发展开拓了道路。有氧搏击操应该全面推广，从而推动全民健身运动的发展。目前在任何一家健身机构中，都可以随时见到年轻人在其中参与各式各样的有氧运动。并且健身俱乐部的大操厅不仅是年轻人的天下，也是一些年龄偏大的中年男女青睐的健身场所，他们开始被有氧搏击操的动感音乐及激情的动作所吸引。虽然这种高耗能的运动并不完全适合这些年龄偏大的锻炼爱好者，但是他们可以通过缩短参与锻炼时间来迅速达到自己想要得到的健身效果。同时，各个健身机构每年每季度都会利用自身的独特魅力去公共场所进行表演和宣传，一方面能够拉动自己的经济增长，另一方面也会更加有利于推广全民健身运动。

第四章

搏击操的科学锻炼与自我监测

生命在于运动。体育锻炼是促进人体发展的积极手段和重要方法。通过科学的搏击操锻炼，可增强体质、增进健康，改善形体、提高神经系统机能，全面发展身体素质，同时还可以调节心理、陶冶情操。

搏击操运动的科学理论知识

❖ 搏击操运动的物质与能量代谢

机体摄取的营养物质转化为自身物质，同时吸收了能量的过程称合成代谢。机体把自身的物质进行分解，同时释放能量的过程称分解代谢。分解代谢所释放的能量转化成热能、机械能、电能等以维持人体正常的生命活动和生理机能所需要的一切能量。所以，物质代谢必然伴随着能量的转移，这种能量转移称为能量代谢。物质代谢和能量代谢的总和称为新陈代谢，它是生命活动的基本特征。

1．搏击操运动的物质代谢

搏击操运动的物质代谢包括糖类代谢、蛋白质代谢、脂肪代谢和水盐代谢。糖是人体组织细胞的重要组成成分之一，在体内的含量虽较蛋白质和脂肪少，但它是人体所需能量的重要来源。人体每天从糖类获得的能量约占总能量消耗的70%。人体各器官、肌肉、大脑的活动所消耗的大量能量首先由糖供应。糖在氧化时所需的氧较脂肪和蛋白质少，是人体最经济的供能物质，除供应能量外，还可以转变成蛋白质和脂肪。糖在体内的代谢过程一般是食物中的多糖和双糖，经过消化管分解成单糖后被机体吸收，然后进入血液，经门静脉到肝脏，一部分合成肝糖原，一部分随血液运送到肌肉合成肌糖原贮存起来，另一部分则被直接氧化利用。

蛋白质是生命的基础，是建造、修补和再生组织的主要材料。在代谢过程中不可缺少的各种酶都是由蛋白质构成的。肌肉收缩、神经系统的兴奋传递等都与蛋白质有关，血液中携带氧与二氧化碳的血红蛋白参与各种生理机能调节的某些激素，也是蛋白质。蛋白质分解时产生的能量是体内能量的来源程序之一，所以蛋白质代谢在整个机体代谢过程中占重要的地位。蛋白质的最低需要量，成人每日每千克体重1克，少年、儿童则增加到每千克体重2.5～3克。

脂肪是一种含能量最多的物质，在体内氧化所释放的能量，约为同量糖或蛋白质的2倍，是人体运动时的重要供能物质，脂肪是构成细胞的组成部分，脂肪大部分贮存在皮下结缔组织、内脏器官周围、大网膜等处。除作为能量贮备外，还可起到保护器官、减少摩擦和防止体温散失等作用。脂肪在体内的代谢过程一般是在小肠内进行消化后，一小部分变成微小的脂肪颗粒，绝大部分分解成甘油和脂肪酸。吸收后的脂肪，有四个归宿：第一，以“储存性脂肪”的形式存留起来。第二，参与构成人体的组织。第三，再分解为甘油和脂肪酸等，然后直接氧化成二氧化碳和水，或转变为肝糖原等。第四，被各种腺体利用生成其特殊的分泌物。

水是组成生物体的重要组成部分。在人体的组成中，水的含量最高，约占成人体重的65%，人体内的水分布于各种器官组织及体液中。水有维持体液的作用。水的热比高，温度不易改变，所以当体内热量增多或减少时，体温也不致有显著的变动。水的蒸发热高，所以蒸发少量的汗,就能消耗大量的热。无机盐在体内的主要功能有，组成细胞组织的成分,维持渗透压,维持血液的酸碱度以及维持神经、肌肉的兴奋。

2. 搏击操运动的能量代谢

搏击操运动的能量代谢，根据运动形式的不同，其代谢的形式也不同。竞技搏击操以无氧代谢为主，健身搏击操则是以有氧代谢的形式为主进行的。

（1）基础代谢

基础代谢是指人体在清醒、静卧、空腹和20摄氏度左右的温度条件下的能量代谢，基础代谢率是单位时间内维持最基本的生命活动所消耗的最低限度的能量。这种能量消耗是相当恒定的。

健康成人的基础代谢率为每小时每千克体重消耗能量1千卡。例如，体重70千克，每昼夜至少需1680千卡才能维持最基本的生命活动。

（2）人体运动时的能量消耗与能量供应

人体活动的直接能量来源于三磷酸腺苷（ATP）的分解，而最终的能量是来源于糖、脂肪和蛋白质的氧化分解，氧化分解所释放的能量供给ATP的重新合成。

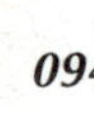

搏击操运动的形式和强度不同，机体的供能特点也不相同。运动时间长、强度小的健身搏击操，是由有氧代谢系统供能。它是指糖（脂肪、蛋白质）在氧的参与下分解为二氧化碳和水，同时释放大量能

量，供二磷酸腺苷再合成三磷酸腺苷。供氧充足是实现有氧氧化的先决条件。人体的摄氧能力越强，说明有氧氧化水平越高。有氧代谢对身体机能的改善，特别是对心脏机能的改善和提高具有十分重要的意义。参加时间短、强度大的竞技搏击操运动时，能量几乎全部由无氧氧化供能。无氧代谢供能包括在无氧或氧供应不足的情况下由 ATP 和 CP(磷酸肌酸)分解供能及糖原无氧分解供能两种形式。人体负氧债能力的大小，是无氧氧化供能能力强弱的标志。

有氧代谢和无氧代谢是人体在不同水平上，根据需氧量的不同情况而进行的紧密相连、不可分割的两种供能方式，只不过两种比例有所不同而已。通过锻炼不仅可以提高人体的供能潜力，还可以节省运动时能量的供应，它表现在完成同样强度的工作时，经过系统锻炼后，需氧量的减少，能量消耗也减少。

❖ 搏击操锻炼的营养

营养是指消化、吸收和利用食物中的养料以维持生命活动的整个过程。人体为了生存须摄取食物，食物中对机体有生理功效的成分称为营养素。人体所需要的营养素概括为以下七大类。

1. 糖和运动能力

糖的消耗与运动强度、时间长短有关。搏击操锻炼由于持续时间长，肌糖原消耗几乎殆尽，可在运动前稍补充一些糖，以防血糖下降过快、过早出现运动性低血糖症状的发生，并且可减轻或延迟疲劳的出现，提高锻炼效果。但糖的补充不能过量，过多的糖可在体内转化成多余的脂肪储存起来，导致肥胖、糖尿病、心血管疾病等，不利于健康。

2. 不可忽视的脂肪

脂肪是一种含能量最多的物质，在体内氧化时所放出的能量是蛋白质和糖的两倍。脂肪是长时间运动能量的主要来源，脂肪供能时，需要充足的氧气，因此说，有氧运动是减脂的首选项目。脂肪在人体内一般占体重的 10% ～ 20%，男子如果超过 25%，女子超过 30%，就被认为是肥胖。人体对脂肪的日需要量 50 克就足够了，过多地摄入脂肪，会导致脂肪堆积，是导致肥胖、高血脂和动脉硬化的主要原因之一。因此，膳食中不宜过多地摄入脂肪，尤其是动物性脂肪。

3. 蛋白质的效能

蛋白质是生命的基础，它参与生命活动的全过程，是全能的营养物质，也是体内能量的来源之一。蛋白质与人体运动能力有密切关系。血红蛋白、肌血蛋白和肌纤维中的结构蛋白是肌肉的物质基础。肌纤维增粗必须依靠肌肉中蛋白质含量的增加，肌肉力量的增加取决于肌肉收缩蛋白的数量和性能。

4. 必不可少的维生素

维生素是具有生物活性的一类低分子有机化合物，是人体进行新陈代谢、维持正常生理功能必不可少的一类营养物质。维生素必须经常从食物中摄取，主要有维生素 A、D、E、B_1、B_2、C 等。另外，维生素还有提高机体运动能力、增加抵抗力、消除疲劳等作用，正常人每天需 70 毫克，参加运动者可适量增加。

5. 必要的矿物质

矿物质为微量元素，对人的健康及从事各项活动都起着重要作用，是机体合成激素酶及神经系统化学物质不可缺少的原料，对人体自身的修复起着一定的作用。矿物质在食物中分布很广，一般都能满足机体的需要，较易缺乏的是钙和铁。含钙量较高的食物有海带、

虾皮、豆类及油菜等绿色蔬菜，含铁较多的食物有动物肝脏、瘦肉、豆类、绿色蔬菜和粮食的外皮部分。

6．水——生命的基本物质

水是维持人类生存必不可少的基本物质，也是运动需求中最关键的营养物质。水是人体的重要组成部分（成人占体重 60% ～ 70%、儿童可占 80% 以上），而且还参与物质代谢过程，在人体的能量平衡、体温调节和保持腺体的正常分泌中起着重要作用。水有益于身体健康，但运动前应切忌饮水过量。一般来说，健身锻炼前 30 分钟补充适量的水（200 ～ 400 毫升），运动中尽量不饮水，如果要饮水，也必须在心率下降接近安静状态时，补充少量的水；健康锻炼后补水，也应少量多次。

搏击操锻炼的运动负荷

搏击操锻炼的运动负荷主要指在进行搏击操练习时的量和强度对机体的影响。其包括练习的时间、次数、密度、强度等指标以及心率、肺通气量、耗氧量、血压、体重等生理指标的变化。

❖ 影响搏击操负荷的主要因素

1．负荷的量和强度

负荷的量是指从事练习的时间、练习的重复次数及负重量等。一般来说，练习时间越长、重复次数越多、负重量越大，则负荷量就越大。

负荷强度是指练习者练习时用力的紧张强度、练习密度、质量和难度等。用 27 拍 /10 秒的速度完成 4 × 8 拍的前踢腿与用 24 拍 /10 秒的速度完成 4 × 8 拍前踢腿，明显前者所需的肌肉用力程度较后者大，因此负荷程度也大。

2. 合理的休息时间

为了达到健身、健美和健心的目的，合理安排运动量和强度。

积极性休息：以“转换活动”的方式来消除疲劳。如下肢运动后休息下肢，进行上肢练习，这样既可使局部机体得到休息，又不会中断练习。

消极性休息：是一组动作练习结束后，全身器官在相对静止的状态下消除疲劳的休息。如坐地休息，常用于全身剧烈运动后。

❖ 搏击操锻炼的生理负荷

1. 适宜的生理负荷

任何体育锻炼只有适宜的负荷刺激才能提高身体机能，达到增强体质的目的。用心率指数来测量锻炼负荷适宜的程度是最简单易行的方法：青年女子为 120 ～ 140 次 / 分，男子为 130 ～ 150 次 / 分，持续 20 分钟左右；间歇休息时间以每分钟心率恢复到比安静时心率高出 20 ～ 30 次 / 分再继续下一组练习为好。

2. 有氧运动负荷水平

简·方达提出：要达到真正的有氧锻炼效果，必须使心率加快到一定的训练水平，并使之在此水平上至少保持 20 分钟，每星期至少练习三次。这一观点科学地指导并有效地提高了健美操锻炼者的有氧训练水平，而且对于改变和清除那些随着年龄增长而出现的脂肪堆积具有重要的意义。目前，我们常用的计算运动负荷的具体方法如下：

第一步，计算运动时的最大心率 :220 – 年龄 = 运动时最大心率

第二步，计算运动负荷水平：运动时最大心率 × 百分比

大强度运动负荷 = 运动时最大心率 ×80% 以上

中强度运动负荷 = 运动时最大心率 ×（60% ～ 80%）

小强度运动负荷 = 运动时最大心率 ×（40% ～ 60%）

科学研究证明，60% ～ 80% 是健身的最佳负荷强度的区域，以 20 岁为例：220–20×（60% ～ 80%）=（120 ～ 160 次 / 分），则是这名锻炼者的最佳负荷强度。

搏击操锻炼的自我监督体系

搏击操的自我监督是指参加搏击操运动者在锻炼过程中对自己的身体健康和功能状况进行经常性检查的一种方法。它是医务监督的组成部分，也是评定运动量、预防和及早发现因过度疲劳而可能引起的运动性损伤，为合理安排体育教学和科学锻炼提供依据。主要从主观感觉和客观评定两方面进行。

❖ 主观感觉

1. 运动心情

指参加搏击操锻炼欲望的强弱。根据程度不同可分为非常想参加、愿意参加、一般想参加、不想参加、厌倦参加五个档次。

2. 一般感觉

即反映整个有机体的状态。良好的感觉是精神饱满、心情愉快、精力充沛、记忆力强、锻炼积极性高、目光有神、皮肤有光泽。每次锻炼稍有疲劳，肌肉稍有酸痛，但经过休息后，身体很快能恢复。反之，在锻炼后感到精神不振、疲倦、头晕、眼花、恶心、胸闷、气短、反应迟滞、协调性差、肌肉过度酸痛等，经过 24 小时的休息，还不能恢复，则表明运动量安排不当或身体不佳。

3. 睡眠

搏击操锻炼后会产生疲劳，使人容易入睡，醒后则精力、体力充沛，身心舒适。如果失眠、多梦、嗜睡、夜间易醒、不易进入深度睡眠、醒后仍感疲劳，则表明运动量过大。

4. 食欲

合理适量的搏击操锻炼，食欲在一般情况下是好的，偶尔会出现食欲暂时下降的情况，但很快就能恢复。如果在一定时间内食欲仍不见恢复和改善，则要考虑运动量安排是否合理或健康状况是否不佳。

5. 排汗量

搏击操锻炼时的排汗量与运动负荷、训练水平、个人特点、气温、饮水量、衣着以及神经系统的状态等因素有关。在外界条件相同的情况下，随着运动水平的提高，排汗量会减少；如果排汗量突增，甚至出现夜间盗汗，则是身体过度疲劳的现象。

❖ 客观测定

1. 人体机能测定

参加搏击操锻炼者通过量化指标对运动效果进行监测，常采用心率、血压、肺活量来衡量。具体方法是：在早晨起床前后的基础状态下进行心率、血压、肺活量、体重等简易指标的检查，每周周末安排一次，也可再增加。适宜的运动量，晨脉变化每分钟不超出正常的 3 ～ 4 次，血压变化范围上下在 10 毫米水银柱以内，体重减少不多于 0.5 公斤。若数日内脉搏、血压、体重等明显地持续下降，则表明运动量偏大，有疲劳积累的征兆。

2. 身体形态的测量

除身高、体重外，身体各部位的围度是对参加搏击操锻炼效果的评价指标。如胸围、腰围、臀围、大腿围、小腿围、大臂围等及

各部分的皮脂厚度。在开始锻炼的初期测量并记录在案，间隔一段时间再测，并进行对比。根据有关统计资料显示，标准肺活量成年男子为 3620 毫升，成年女子为 2750 毫升，低于这个标准则说明呼吸功能较差。

在测评时，需采用测安静时的肺活量，然后做定量负荷 30 秒蹲起，运动停止后立即测 1 ～ 5 分钟（每分钟 1 次）共 5 次肺活量。如 5 次肺活量逐次增加或保持安静时水平，说明呼吸系统机能良好；反之，肺活量下降，到最后 5 分钟仍未恢复，说明呼吸系统机能需要提高。

❖ 搏击操自我监测的注意事项

1．重视自我监测

自我监测是通过主、客观检查的方法，对自身的健康状况及锻炼的身体反应做出定期记录，是锻炼者对自身反应的最直接的资料，是进行自我调查、合理安排运动负荷、预防过度疲劳的依据。

2．建立科学的监测体系

在参加搏击操锻炼前要进行全面体检，包括身高、体重、体脂率等，特别是心血管系统的机能，患有心脏病、高血压等疾病者不宜参加搏击操锻炼。在锻炼中，将相关的数据如填表时间、体重、运动心情、一般感觉、睡眠、食欲、排汗量、心率、呼吸频率、血压、体温、肺活量等以表格的形式列出来。

3．及时填写，经常对比

每次参加搏击操锻炼后，要及时填写自我监测表，实事求是地反映自我感觉，测量身体形态数据，并与以前相比较，及时调整运动量，以求达到最佳锻炼效果。

搏击操锻炼的科学方法

❖ 科学锻炼的原则和方法

1．目的明确，自觉地参加锻炼

练习者应明确身体锻炼的目的，认识其价值，并使用科学的方法，选择最适合个人性格、体力、体质的有针对性的锻炼内容和方法。选择搏击操锻炼的目的之一，是为了改善体型，但这绝不是一朝一夕就可达到的，它需要一个由量变到质变的过程。

在此过程中要克服许多困难，包括自身的惰性，这就需要锻炼者的坚强的意志，自觉地参加搏击操锻炼，才能达到增强体质、改善形体的目的。

2．循序渐进，持之以恒

在进行搏击操锻炼时必须按照人体发展的规律、机体适应性规律及超量恢复的原理，持之以恒，日积月累，才能达到健身益心的效果。刚开始搏击操锻炼时，会打破机体的平衡状态，产生乳酸堆积，有肌肉的酸痛感，经过不间断的锻炼后，肌肉组织内就会重新建立起新的平衡关系，酸痛就会慢慢地自行消失。这是一种正常的生理现象，不要因此而停止锻炼。在锻炼内容和方法以及运动负荷等方面力求连续性和系统性，坚持长期锻炼，才能不断调节和促进人体的发展。

3．全面发展、突出重点

搏击操锻炼不仅包括身体各部位，还提高柔韧、力量、灵敏、速度、耐力等各项身体素质，使神经系统、内脏器官与运动器官得到全面发展。另外，可根据性别、个人的需要有目的地选择重点部位的练习。如男子以发达四肢肌肉为主的大负荷练习，女子以消除脂肪为主的小负荷、多次数的腰腹练习。

4. 重视热身，不忽视整理放松

为了使健身者从生理和心理上做好充分准备，使机体从平静的抑制状态逐渐过渡到活动的兴奋状态，从而提高机体的工作效率，预防运动损伤的发生，因此，必须重视热身活动。热身活动应遵守人体活动的规律，由四肢到躯干，幅度由小到大，速度由慢到快。搏击操常以伸拉和低强度的基本步伐为主，逐渐加大幅度和强度，一般为 20 分钟左右，要达到身体发热，稍出汗，心率上升至 120 次左右，并保持 3 ～ 5 分钟。这样才达到了关节灵活性和肌肉弹性的增加，中枢神经系统兴奋，以确保正式锻炼内容的顺利进行。

整理放松是搏击操锻炼内容的一部分。通过抖动、抻拉、意念放松，使身体从运动状态逐步过渡到安静状态；同时减少乳酸的堆积，避免肌肉僵硬，提高肌肉的弹性。

❖ 判定健美的标准

1. 标准体重及肥胖度

根据身高来确定体重，简易的计算方法为：

［身高（厘米）–150］×0.6+50= 成年人标准体重，再根据理想标准体重计算肥胖度。

肥胖度 %=（实际体重 – 标准体重）/ 标准体重 ×100%

例如，170 厘米的成年人，体重为 71 公斤

标准体重：（170–150）×0.6+50=62 公斤

肥胖度：（71–62）/62×100%=14.52%

2. 判断胖瘦的标准

肥胖度在 ±10 为正常；超过标准体重 10% 为过重；超过标准体重 20% ～ 29%，为轻度肥胖；超过标准体重 30% ～ 40%，为中等肥胖；超过标准体重 50% 以上，为严重肥胖。相反，低于标准体

重的 15%，为消瘦；若低于标准体重 15% ～ 25%，为轻度消瘦；低于标准体重 26% ～ 40%，为严重消瘦。

按照这个标准判断，上面列举的 14.52% 肥胖度的人则为过重。但要说明的是，体重并不是衡量人体胖瘦的唯一标准，运动员或体力劳动者，可因肌肉发达而超重（肌肉的比重较脂肪重）。因此，在有条件的情况下，最好能对各部分的脂肪厚度进行一下测量，用体脂率来衡量肥胖，则会更客观。

3. 身体各部位的围度比例计算

以胸围为 100% 为例：

臀围 = 胸围 ×90%

大腿围 = 臀围 ×60%

小腿围 = 臀围 ×40%

腰围 = 胸围 ×75%

上臂围 = 胸围 ×38%

另外：颈围 > 上臂围 > 小臂围约 2.5 厘米

4. 健美的评价标准

（1）衡量发育正常，身体各部分之间的比例适度、匀称。

（2）男子肌肉均衡发达，女子体态丰满，无肥胖臃肿感。

（3）双肩对称，男宽女圆，脊柱背视、直侧视有生理曲度。

（4）背部挺直，腹部扁平，臀部圆满，大腿线条柔和，小腿腓肠肌位置较高。

❖ 搏击操锻炼时应注意的事项

1. 饮食卫生

锻炼前至少 1 小时不进食，但又不能空腹参加锻炼（例如，不吃早餐，却中午锻炼者），可在半小时左右时，补充一些糖、巧克力、

咖啡等。运动结束后，先少量多次地补充水，半小时后再进食。

2. 个人卫生

参加搏击操锻炼要选择有弹性、纯棉质地、吸汗性较强、柔软、舒适、合体的服装。服装要整齐、干净，每次锻炼后及时清洗，保持干爽。在鞋袜的选择上要注意，选择弹性、通透性好的合脚运动鞋；袜子以纯棉、吸汗为好，不能穿尼龙丝袜。鞋袜都要保持干爽、清洁，以免脚疾的发生。

锻炼前最好能清洁面部皮肤，便于排汗，结束后最好能及时洗个热水澡，既能清洁皮肤，又可减轻疲劳、预防感冒，但时间不宜过长，防止身体消耗过度。在跳搏击操时应把头发固定好，不要戴手表和装饰物，避免损伤皮肤。

3. 环境卫生

进行搏击操锻炼应选择自然优美的环境，如果在室内锻炼，则通风要好，光线明亮，地面平整、洁净，没有灰尘，最好选木地板。垫子、器械干净，没有灰尘和油污，使人感觉舒爽、清新，产生锻炼的欲望。

第五章

有氧搏击操的运动损伤与保护

在搏击操锻炼当中，我们时常会为那些优美的动作和欢快的节奏所吸引，场上的那种热烈的气氛无时无刻不在吸引着搏击操爱好者尽力去模仿指导员的动作，跟上音乐的节奏进行练习。而目前流行的搏击操练习当中，有大量的动作可能会对人体产生较大的冲击，一些不正确的力量练习姿势和不科学的训练方法会在无形中对人体的健康造成不必要的损伤。

那么什么是搏击操的运动损伤呢？搏击操运动损伤是指健身者在进行搏击操练习过程中及之后所发生的各种损伤。在搏击操的练习当中，其伤害事故的发生往往与运动锻炼安排不当、技术动作错误、运动锻炼水平较低、运动环境不适以及自身所存在的某些生理解剖弱点等息息相关。

搏击操运动损伤的分类

❖ 按伤后皮肤和黏膜的完整性分为开放性损伤和闭合性损伤

搏击操的损伤多为闭合性软组织损伤，它包括挫伤、肌肉拉伤、关节韧带扭伤、滑囊炎、腱鞘炎和骨膜炎等。

1. 挫伤

挫伤是钝力直接作用于身体某部位引起的闭合性损伤。如运动时相互冲撞、被踢打或身体某部位碰到器械上，都可能导致发生局部和深层组织的挫伤。轻者可使皮下组织（如肌肉、韧带）挫伤，重者常因某些器官的损伤（如头、胸、腹部挫伤），合并休克症状。

2．肌肉拉伤

肌肉拉伤是指在外力直接或间接作用下，使肌肉过度主动收缩或拉长时所引起的拉伤。

3. 关节韧带扭伤

关节韧带扭伤是间接外力所导致的闭合性损伤，是在外力作用下使关节发生超长范围的活动而造成的关节内外侧韧带损伤。轻者仅少量韧带纤维被撕裂，重者部分韧带纤维撕裂，严重者韧带纤维完全断裂，引起关节半脱位或完全脱位，同时合并关节内滑膜和软骨的损伤。其中，四肢关节较容易发生此类损伤。其原因主要是动作技术不正确、训练水平不够和运动场地有缺陷等。

4. 滑囊炎

滑囊又叫滑液囊，是由芥蒂组织构成的密闭小囊，囊内有滑液。其损伤原因有两种：一种是急性挫伤，使囊壁受损伤而发生炎症；另一种是慢性损伤，由于局部活动过多，滑囊壁受到反复磨损，从而引起滑囊受伤。

5. 肌腱腱鞘炎

腱鞘又称腱滑液鞘，位于肌腱绕过关节和骨隆起的部位，由于肌肉反复收缩，使牵拉的肌腱与包裹的腱鞘不断摩擦，而引起肌腱腱鞘创伤性炎症，称之为肌腱腱鞘炎，又因为腱鞘腔道肿胀、狭窄，故也称之为狭窄性腱鞘炎。

6. 疲劳性骨膜炎

出于过多踏跳和跑跳，使小腿的屈趾肌肉群和胫后肌不断收缩，刺激和牵扯了其骨的附着部分，使该处骨膜和骨质的正常联系遭到破坏而发生的病变，常可发生小腿骨疼痛，这种现象叫疲劳性骨膜炎。

❖ 按损伤病程分为急性损伤和慢性损伤

急性损伤指在搏击操运动中瞬间遭受直接冲力或间接冲力造成的损伤。慢性损伤指局部符合过度和多次微细损伤积累而造成的损伤，或由于急性损伤处理不当转化而来的陈旧性损伤。

❖ 运动损伤与运动环境

1. 热天运动

在大热天运动，穿少的衣服可以透气和出汗。一些特别为减肥设计的“出汗衣”“裹肚衣”等对人体的健康都相当不利。这种减肥只是减水分，体重随人体的水摄入又马上恢复。在潮湿的时候或地方训练，由于汗不易排出体外，不利人体降温，这对心脏很不利。在热天，充足的水分对心脏有益，这样身体可以通过排汗降体温，通常在运动前喝一两杯水，在运动中 10 ～ 15 分钟喝少量水。人体

对脱水的反应要慢，当感到口渴时，人已经脱水了。少量脱水影响动作，大量脱水影响生命。运动中的大量脱水会导致人的抽筋。

2．冷天运动

一些人运动后在脸、颈部出现红点、运动哮喘、支气管痉挛或过敏性反应等，这些主要是在寒冷、灰尘、潮湿的环境下锻炼产生的，人会产生严重的咳嗽和不舒服。人在出现这种情况时要马上就医，并找出是否是其他疾病引起的。预防的办法：做好充分的暖身运动，不要在寒冷、灰尘、潮湿的环境下锻炼。运动过敏性反应一般很少发生，但这种病情通常会危及生命，需要马上急救。在冷的天气里，衣服要保暖，外衣在暖身时会保持体温，在运动时脱去外衣，在放松时穿上以防止受冷，在冷天羊毛服装有隔热的作用，优于棉的服装，在运动强度减弱时可以蒸发散热。

3．与温度、湿度有关的有潜在疾病危险的环境

（1）可能出现抽筋、轻度中暑、心力交瘁的环境：温度 34℃、湿度 20%；温度 31℃、湿度 50%；温度 28℃、湿度 100%。

（2）很可能出现抽筋、轻度中暑、心力交瘁的环境：温度 41℃、湿度 20%；温度 34℃、湿度 60%；温度 31℃、湿度 100%。

（3）极可能出现中暑的环境：温度 49℃、湿度 20%；温度 43℃、湿度 40%；温度 33℃、湿度 100%。

运动损伤的防治

❖ 软组织损伤的诊断与治疗

1．挫伤与治疗

挫伤是钝器或者身体与其他物体碰撞引起的一种闭合性损伤，轻者仅仅是皮下组织挫伤，严重者引起内脏挫伤，可能出现比较严重的后果。

一般性的挫伤症状为局部疼痛、肿胀，皮下出血或者淤血。在发生挫伤以后，要注意检查是否有其他部位的损伤。例如，头部挫伤以后，要注意是否有脑震荡；大腿挫伤的时候，是否有肌肉撕裂或者韧带断裂的现象；尤其是腹部挫伤以后，是否有内脏受伤的情况。一旦内脏出现损伤，伤者会出现严重的生理反应，如头晕眼花、胸闷气短、四肢无力，甚至很快就会丧失意识，出现休克。

一般性的挫伤只需要马上停止活动，冷敷伤处，包扎，并根据情况服用止血药或者消炎药即可。等肿胀、淤血消失以后，就可以恢复活动了。如果伤者是内脏挫伤，应及时送往医院治疗。

2. 肌肉拉伤与治疗

肌肉拉伤在运动损伤中所占的比例非常大，肌肉的过度收缩或者拉长都可能造成一定的损伤，肌肉的猛烈收缩引起的损伤叫作主动拉伤，肌肉的过度伸展引起的损伤叫作被动拉伤。

一般的肌肉拉伤如果只是肌肉纤维受损，可能出现局部疼痛、肌肉痉挛和功能下降的情况。如果肌肉拉伤致使部分毛细血管破裂，可能疼痛和肿胀的情况有所加剧。再严重一些的肌肉拉伤，可能听到断裂声或者有凹陷、突起的情况。

一般性的肌肉拉伤可以进行冷敷、包扎、抬高患处，伤者感到疼痛比较剧烈时可以适当服用止痛药。如果肌肉大面积严重撕裂，应该进行包扎以后，马上到医院进行缝合。

3. 关节扭伤与治疗

由于身体碰撞其他物体、滑倒或者动作不正确等造成的关节超过正常范围的活动，从而引起的关节囊和韧带损伤被称为关节扭伤。人体的脚踝、膝关节、腕关节等处都是容易发生扭伤的部位。

不同程度的关节扭伤可能发生的症状也有所不同，一般性的扭伤症状为疼痛、肿胀、皮下淤血、功能受损，如果韧带拉伤，还可能出现关节松动，疼痛感比较严重。

单纯性关节扭伤的处理方法与软组织扭伤的处理方法相同，主要是冷敷、包扎和止痛。如果出现韧带断裂的情况，应该到医院进行缝合。关节扭伤以后，应该在医生的指导下进行科学的恢复练习，可以使伤处尽快愈合。

4．骨膜炎与治疗

引起骨膜炎的主要原因是锻炼方法不科学，如经常在坚硬的水泥地面上进行跑跳练习，就容易引起小腿骨疼痛，也叫作疲劳性骨膜炎。

这种损伤多是慢性损伤，是长期积累形成的。初期的时候只是有轻微的疼痛感，后来逐渐肿胀，再发展到骨质增生。

在这种损伤的早期，治疗的方法是比较简单的，只需将锻炼方法进行调整，减少运动量和运动强度，少做跑跳练习，经常用温水热敷，再配合按摩，可以收到比较好的效果；另外，物理治疗对疲劳性骨膜炎也有较好的疗效。

5．滑囊炎与治疗

滑囊位于关节附近，在肌肉、肌腱和骨头隆起之间，主要功能是分泌液体，减少各组织之间的摩擦。滑囊炎可以分为急性损伤和慢性劳损两种情况，前者会造成滑囊肿大和局部疼痛感，后者可在损伤部位摸到肿块，有一定的压痛感。两种原因造成的滑囊炎都应该减少运动，消炎活血，后者还要进行一些物理治疗，如按摩或者做封闭治疗。

6．腱鞘炎与治疗

腱鞘是两层纤维膜构成的长管，它的主要作用是减少肌腱间的摩擦。当人们在锻炼的时候，如果由于某一部位的肌肉频繁收缩，腱鞘和肌腱不断地摩擦，就很容易出现炎症。急性腱鞘炎疼痛感明显而强烈，范围也比较大；相对来说，慢性腱鞘炎的疼痛感是有阶段性的，在锻炼开始和结束的时候会比较明显。

治疗腱鞘炎的主要方法是每天先做一些患处的屈伸活动，然后用热水浸泡，如果配合针灸效果会更好。腱鞘炎比较严重的患者，还可以考虑做局部封闭治疗和手术治疗。

❖ 皮肤和黏膜损伤的治疗

1．擦伤与治疗

擦伤是健身运动中常见的一种运动损伤，也是比较轻的一种损伤。皮肤擦伤主要是皮肤表皮被擦破，面积比较大，但是伤口很浅，没有产生裂口，多呈片状或者层状。处理比较轻的擦伤，要先用生理盐水或者清水清洗伤口，然后用医用酒精进行消毒，再在伤口上面涂抹红药水。轻度擦伤最好不要包扎，将伤口暴露可以使其愈合得更快。如果是关节处擦伤，最好在伤口处涂上抗生素类软膏，这样既可以防止发生感染，又可以避免伤口结痂以后影响关节的活动。

如果伤口里面有沙子等小颗粒，最好先用消毒用具将其挑出来，然后再进行清洗和消毒，最好再包扎起来。如果不挑出来，异物会留在伤口里面，影响愈合甚至引起感染。如果擦伤情况比较严重，可以用抗生素辅助治疗，并且用细纱布包扎，再用冷敷的方法来缓解疼痛。

2．挫伤与治疗

挫伤比擦伤的程度严重一些，也有比较明显的疼痛感。当发生挫伤以后，可以用冷敷法进行止痛和消肿。挫伤发生以后，要先把该处的污血吸出来，然后进行冷敷和包扎。在面部容易发生挫伤的部位中，下唇挫伤是比较难以处理的，由于结构特殊，里面的血液很难抽出来，而耳朵和眉骨处的挫伤是比较容易处理的。

口腔内的挫伤多是由于牙齿硌伤，较重的会出现裂口，有时需要进行缝合手术，而且缝合时的对位应该精确，以免影响功能和美观。当口腔内出现挫伤时，最好服用或者注射预防性的抗菌药物。当眼睑及其附近部位出现挫伤的时候，也应该用这种对齐缝合的方式，以免影响美观。

挫伤一般是需要包扎的，包扎时可以将药物均匀地铺在纱布上，再用纱布包裹住伤口，一般的压迫止血绷带应该维持在 7 天以上。挫伤发生以后，应该进行积极彻底的治疗，否则可能会影响该处的正常功能，严重时甚至需要做手术才能进行彻底的治疗。

3．撕裂伤与治疗

撕裂伤是一种比较严重的皮肤和黏膜损伤，发生以后应该尽早地到医院进行缝合和包扎。在缝合的时候，特别应该注意伤口的深度，观察里面的神经和肌腱是否也发生了损伤，以免延误伤情。缝合以后，应该对伤处进行包扎，以免引起感染。由于撕裂伤比较严重，所以疼痛感也很明显，可以用冷敷法止痛和消除肿胀。比较严重的撕裂伤，可以视情况服用一些抗菌药物。

❖ 按摩疗法

按摩又叫作推拿，是传统中医的组成部分，是一种简便有效的治病方法。按摩不同于其他的药物或者器械治疗，它的主要方法就是施治者用身体在患者的一定部位、穴位或者经络上进行各种操作，它既能治病，又有很好的保健作用。按摩受到众多人的欢迎，因为它效果明显，标本兼治，没有任何副作用，且实施简单；对常见的运动损伤来说，按摩是一种非常有效的防治手段。

按摩的主要作用是促进静脉血液回流到心脏，加快血液流通和新陈代谢，防止细胞纤维化的形成，消除肿胀，分离粘连的软组织，缓解疼痛感。从医学角度上来说，按摩可以增强大脑皮质对肌肉的兴奋和抑制；促进营养物质的消化和吸收，加快血液循环和新陈代谢的速度；加快关节囊液体的分泌，增强关节囊和关节的韧性，可以降低关节损伤的概率；对于身体出现的红肿、淤血，可以加速血液循环，消炎止痛，恢复机体的正常功能。

按摩时的手法应该刚柔相济，既不能过于用力也不能太柔，应该均匀而力度适当，最好能有一定的节奏感和弹性；按摩时的手法要正确、稳、准，才能够真正达到保健和治疗的目的。另外，按摩者的手法还要娴熟，要连贯持续，效果才能持久有效。一般的损伤性的按摩，应该是在损伤发生以后 36 小时再进行，如果和热疗一起搭配进行，效果会更加明显。

对于体育健身中的按摩来说，不同时间的按摩有不同的效果。运动前进行按摩，主要是为了提高神经的兴奋程度和克服紧张的心理状态。在运动前进行按摩，不仅能够有效地提高韧带的柔韧性和关节的灵活性，增强肌肉的力量，而且能够有效地防止运动损伤的发生。运动之前的按摩应该和运动的内容结合起来，和准备活动结合起来，才能达到比较好的效果。手法主要是揉捏、拍击、搓和抖，最好要稍微重一些，速度快一些，这样可以让刺激深入机体，使神经系统活跃起来。

运动中的按摩主要是在运动间隙来进行的，此时的按摩可以尽快消除肌肉的疲劳感，缓解肌肉僵硬的感觉，再次提高兴奋性。按摩应该根据间歇时间的长短来进行，主要是按摩一些负重比较大的肌肉群，具体的手法应该先柔后重，一般持续时间在 5 分钟以内即可。

运动以后的按摩主要是为了更快地缓解疲劳感和恢复体力，如果运动量适中，可以在运动结束以后或者洗完澡以后进行，如果感到特别疲劳，也可以将按摩改在睡觉前的一段时间进行。运动后的按摩应该以放松按摩为主，先按摩负重比较大的部位，然后再进行全身放松按摩，可以有效地缓解疲劳。

❖ 常见的按摩手法

1．推法

推法主要是用大拇指的指尖接触穴位来进行按摩，主要作用是通经活络，适用于全身的各个穴位，尤其是脸、胸部、腹部和四肢。

2．缠法

缠法是用拇指侧面在某一穴位上小幅度地快速摆动，它的主要作用是消炎镇痛，适用于一些皮肤疾病的治疗。

3．滚法

滚法是用手背靠近小拇指的部分以及几个手指按压在某个穴位上，用腕关节和前臂的旋转来按摩，其主要功能是舒筋活络、散湿去寒。

4．揉法

揉法是用手指背面按在身体的某一部位上来回旋转运动，主要作用是理气活血，适用于全身的各个部位。

5．摩法

摩法是用手指面或者手掌面在身体部位上，用腕关节和手臂来带动手的运动，进行缓慢而有节奏的摩擦动作，其主要作用是消淤散结，理气顺畅。

6．擦法

擦法是用手掌紧贴在皮肤上，快速地来回移动摩擦，使皮肤表面生热，其主要功能是舒筋活络。

7．搓法

搓法是将两只手掌紧贴在某一部位向相反的方向来回搓动，其主要功能是放松肌肉，加快血液流通和新陈代谢的速度，消除疲劳。

8．抹法

抹法是将手指肚紧贴在皮肤上做来回的移动，动作应该用力适度且均匀。此种方法多用于面部，有醒脑镇痛的作用。

9．按法

按法是用手按压身体某一部位的方法，多用于按压疼痛部位，用力要均匀适度，有节奏感。按法的适用部位非常广泛，有理气止痛的作用。

10．点法

点法是用手指或者手肘来按压穴位的方法。这种方法的面积虽然比较小，但是它的刺激作用比较大，有舒筋活血的作用。

11．捏法

捏法是用手指将身体的某一个部位捏住进行挤压的方法，适用于恢复关节和骨折部位的功能，可以刺激肌肉的活力，消除肿胀和疲劳感。

12．拿法

拿法是用拇指和其他手指相配合来夹住身体的某一部位，然后向上方提的方法。其主要作用是化湿去寒，疏通经脉。

13．掐法

掐法是用手指尖来用力按压穴位的方法。该法常常用于急救休克患者，有很好的开窍醒神作用。

14．抖法

抖法是用手拉住其肢体的末端，将其稍微拉直以后做上下抖动的动作，特点是频率高、幅度小，可以调经活血、滑利关节。

15．振法

振法是用两手掌交叠按压在人体的表面，用手臂的力量做小幅度的快速上下运动，此法有消淤散经的作用。

16．拍法

拍法是用虚掌或者手指连续拍打身体某一部位的方法，所谓的虚掌是将手指的关节微微隆起，此法有舒筋活血的功效。

17．击法

击法是用手叩击身体的方法，可以用拳、掌根、侧掌，该法有疏通经络的作用，可以缓解肌肉痉挛的症状。

18．摇法

摇法是用手将患者身体的某一部分固定，然后使某关节做旋转动作，该法适用范围非常广泛，有舒筋活血的作用。

19．背法

背法是实施者和被实施者两人背向而立，然后用两手插入其手臂将其背起的动作。这种方法主要是让患者的腰部进行被动的牵拉来达到治疗腰部的目的。

20．扳法

扳法是将患者的某一部位固定，然后将其他关节或者脊柱被动地在其最大活动范围内进行运动的方法。主要用于颈部、胸部和腰部等处。

21．伸法

伸法是将患者的某一关节固定，然后进行牵拉的一种方法，对于治疗关节错位、筋骨损伤有很好的效果。

❖ 冷热疗法

运动损伤的物理疗法种类有很多，这里仅对最常用的冷敷与热敷做些介绍。

1．冷敷

冷敷的作用在于造成局部血管收缩，减缓血液流通速度，降低局部新陈代谢，减少肿胀，缓解伤处的疼痛感，加快患处的痊愈过程。使用冷敷法治疗的时候，应该将患处抬高，以便静脉血液和淋巴液回流。

一般的冷敷法是用毛巾将装着冰块的塑料带包裹好，或者直接用专用的冰袋都可以。用冷敷法应该注意的问题是每隔一段时间就向冰袋里面加入一定量的冰，将里面已经融化的一部分水倒出来，从而使温度保持一定的水平。曾经有人建议，冷敷时可以用20℃左右的冷水来代替冰块。根据生理学的理论，人体在这个温度的时候身体的血液流动最缓慢，这样可以有效地缓解血液流经伤患处引起的疼痛感，并有效消除伤处的肿胀。在做好保护伤处的情况下，如果用冷热交替的方法效果会更好。

2. 热敷

热敷法的原理是通过增加患处的温度，来扩张血管，加快血液流通和新陈代谢的速度。当局部的新陈代谢和血液流通速度加快以后，又可以反过来使患处的温度进一步增加，如此形成良性循环的过程。血液流量增加以后，流经伤处的白细胞数量增加，可以增加这些部位的细胞吞噬能力，使伤处尽快恢复。

用于热敷的用具可以是灯泡、热毛巾，或者其他一些专用的器械,但是前两种是最为简单易行的方法。用灯泡进行热敷治疗的时候，用普通的钨丝灯泡即可，它的效果和昂贵的专用灯泡是相同的，所以没有必要去购买专用灯泡。在用灯泡进行热敷的时候，如果患处的面积比较大,可以用一个反光罩罩在灯泡上,扩大灯光的辐射面积。应该注意的是，在进行灯泡热疗的时候，应该至少和患者距离在 30 厘米以上，以患者感到舒服为宜，并且避免烫伤。

也可以用湿的方式来进行热敷，其中最简单有效的方法就是将毛巾用热水浸湿以后再拧干，敷在患处。除此之外，还可以用蒸气浴、微波治疗仪和超声波治疗仪，都是比较简单常用的方法。在每次锻炼以后，如果可以进行蒸气浴，可以使全身得到放松，尽快消除疲劳感；还有一种漩涡浴，是在 40℃～ 50℃的水中安置了一个小型的发动机来不停地搅动，这样的水流可以对身体起到按摩作用。至于专用治疗的仪器，也是经常使用的。

❖ 药物疗法

药物治疗的方法很多，归类于药物特性，主要有外用中药，中药注射剂和内服中药、西药三大类，功能主要是退热、消肿、止痛、活血化瘀、舒筋通络、祛除风湿等。具体的使用应在医生的指导下进行。

1．预防运动损伤的 10 个主要方法

（1）暖身运动：走、踏步、分并跳、伸展等。

（2）使用适当和慢的方法，听取教练的建议。

（3）学习防止运动损伤的技术和理论。

（4）购买运动鞋、扶腕、护膝等。

（5）10% 增加的原则，一周内不要增加频率、强度、持续时间，循序渐进。

（6）保持有氧运动和无氧运动的锻炼均衡。同时参加一些力量和柔韧练习，防止受伤。

（7）身体需要时间去恢复，锻炼但不使身体受伤。

（8）运动前不要空腹，运动的前中后要饮足够的水。

（9）参加不同的训练，如交叉锻炼不同的肌肉群。

（10）根据自己的身体及时调整运动，如果在某部位运动产生酸痛，可以考虑是否减轻运动或停止。

2．练习搏击操的注意事项

（1）由于搏击操的运动量很大，有很多出拳、踢腿的动作，因此患有高血压、心脏病的人不适合练习。

（2）衣着要以吸汗、宽松为主，并且戴上手套，手套能够帮助练习者有效地并拢手指，这样出拳才有利。

（3）课程强度根据自身的承受力来扩大或缩小动作幅度，避免损伤。

（4）动作一定要按照教练要求的去做，对自己的身体控制要掌握好，避免拉伤身体。

（5）运动前要把热身活动做充分，使身体的各个部位能够得到足够的伸展，锻炼时腿部应每 15 ～ 20 分钟做一次伸展。

（6）在做搏击操的出拳、踢腿动作时身体要放松，腰腹部要学会控制用力。

（7）搏击操运动强度大，如出现低血糖，请先休息片刻后再决定是否继续。

3．练习有氧搏击操之教练的提醒

（1）练习前，热身时间要足够，否则身体得不到足够的伸展。上课时腿部应每 15 ～ 20 分钟做一次伸展。

（2）练习时，腹部、下颚收紧，两手握拳于脸前（防御姿势），保持呼吸，不屏气。

（3）避免和专业运动员一样进行长时间的训练，应交替进行大运动量和低运动量的练习。

（4）侧踢时不向前扭胯，否则会导致压力集中膝部，绷脚尖会扭伤膝盖，应向脚尖方扭胯以减轻膝盖的侧压力。

（5）膝盖不要僵直，以减轻缓冲。在转身时要抬起膝盖，否则会扭伤十字韧带。

（6）击拳时要由肩部带动出拳，在完成击拳和踢腿动作前一直看着目标。

（7）避免在拥挤的房间内进行后踢的动作。

（8）避免肘、膝部用力过猛；避免进行闪躲或猛击动作时由于动作过大而脱臼，避免扭转动作。

（9）若发生以下情况：腿部疲劳、人体局部出现痛状不适、眩晕、心率过快等，可停止练习。

第六章

有氧搏击操定制课程

大众健身搏击操是在音乐伴奏下，按照全面协调发展身体的要求，组编成操，达到培养正确身体形态，塑造美的形体，陶冶美的情操，促进身体健康的一种锻炼形式。

大众健身搏击操课程是一项系统而细致的创造性工作。一般来讲，上课的时间为一小时左右，在练习的要求上根据个体情况而变化，练习的目的主要是“锻炼身体，保持健康”。因此，大众健身搏击操练习动作简单，实用性强。同时，为了保证一定的运动负荷和强度，动作常采用循环、重复，且对称出现的方式，本着“安全、健康”的原则，达到“健身”的目的。

大众健身搏击操课程的特点

❖ 大众健身搏击操课程是在音乐伴奏下，以“跟我做”为主要的运动形式

在大众健身搏击操课程中，音乐贯穿始终。在这里，音乐不仅起着节拍器的作用，更重要的是，音乐有助于激发练习者内在的情绪，提高兴奋性；有助于调节肌肉的收缩强度，培养节奏感与协调性；有助于让练习者体会不同音乐的风格、节奏。大众健身搏击操课程就是在这种节奏鲜明、动感有力的音乐伴奏下，通过领操员的带领，去感染练习者，鼓舞练习者，激发他们的兴趣，通过练习者自觉积极地跟随、模仿，使练习者在一种欢快的、振奋的、集体的环境中进行

第

六

章

锻炼，从而达到健身、健美、娱乐的目的。

❖ 大众健身搏击操课程以有氧运动为主，体现动作的连续不间断性

据研究，有氧运动被认为是最好的健康减肥方法，因为它对每个人改善心肺功能和减脂都有非常好的效果。有氧运动前 15 分钟肌糖原为主要供能物质，脂肪供能是在运动的后 15 ～ 20 分钟才启动。所以，一般都要求一节健身课程有氧运动持续 30 分钟以上。

大众健身搏击操课程从课程的一开始，就严格按照动作的顺序连续不间断地进行练习，使机体进入有氧代谢状态，这样有顺序的连续动作，符合人体运动合理的生理曲线要求，运动密度大，强度适中，更便于练习者快速而顺利地掌握动作，从而对发展练习者有氧耐力和减脂均有良好效果。

❖ 大众健身搏击操动作简单易学，内容丰富

大众健身搏击操动作难度与练习强度不大，对身体素质要求也不高，一般人都可参加。由于搏击操内容丰富，动作繁多，所以课程的容量大，再加上不断吸入的新内容，使健身课程更是丰富多样，精彩不断。不同节奏、不同风格的内容，动作简单，容易学会，再加上有针对性的局部肌肉力量练习，使不同性别、年龄、职业层次的人均可加入其中，真正体现了趣味性与实效性的统一，使练习者的身体全面发展，更健康、更美丽、更自信、更时尚。

大众健身搏击操课程的结构

课程的结构是指构成教学活动的相对稳定又有所区别的基本组成部分及各部分的活动顺序与时间分配。一堂大众健身搏击操课程根据不同的目的、任务，可以分为多个部分，这些部分相互联系紧密结合，既要遵循人体生理机能能力变化的规律，也要考虑教学课的特点。在内容选择上，根据练习者的具体情况可选择多样化的、多种类型、不同风格的动作进行练习，这就要求领操员在课前要做好准备工作，根据练习者情况设计安排好课的内容。通常，一堂大众健身搏击操课为 60 分钟，可如下分配。

❖ 准备部分

在这一部分，要求领操员在 5 ～ 10 分钟的时间里调动练习者的学习积极性，使他们精神振奋，情绪饱满，生气勃勃地开始这节课的学习和锻炼，为下面的内容做好心理和机体上的双重准备。

一般来讲，在准备部分可选择先从远离心脏部位开始的练习，如踏步，也可选择一些伸展性动作加深呼吸，还有就是搏击操基本步伐经简化后进行的专门性练习。这些动作的目的是使体温升高，内脏器官适应运动的需要。

❖ 基本部分

这是一节健身课的重要部分，时间为 40 分钟左右，主要练习内容包括掌握搏击操的基本动作、步伐，体会不同风格的练习形式，发展身体素质，增进身体健康。

❖ 结束部分

在经历了从低—中—高—中强度之后，逐步进入低强度运动状态，结束部分一般为 5 分钟左右，内容包括伸拉，放松性整理动作或形体练习中的手位、波浪、舞蹈组合等动作，动作幅度不宜过大，速度舒缓，目的是使练习者的身体与脉搏逐步恢复到相对安静状态。在简要的小结之后，宣布下课。

总之，大众健身搏击操课必须在教学实践中根据具体情况不断变化练习内容，在课程的结构分配中，不能简单地硬性分割，而要使课程的各个部分在符合人体生理功能变化规律的基础上，做到相互衔接，有机联系。要根据练习者的特点、内容等灵活运作，不能千篇一律，更不能杂乱无序，违背运动规律。任何一节大众健身搏击操课都要从实际出发，适当地分配各部分的内容，才能达到健身的效果。

小贴士

搏击操基本动作教法提示

1. 在搏击操教学中正确运用示范和讲解

教师如何正确示范和讲解，使学生了解动作外部形态，对准确地完成基本动作，提高教学质量有很重要的作用。要根据动作的难易程度和学生的水平选择正确的示范方法。讲解动作时，语言要简明扼要，生动形象，通俗易懂，讲解时要按下肢、上肢、躯干、头的顺序进行。

2. 注意完成动作的准确性

在教学中应遵循由简到繁、由易到难的教学原则，使学生一步步准确掌握动作。如先掌握腿部的动作和手臂动作，然后上、下肢和躯干的配合，完整地掌握动作。对较难掌握的动作可采用单部位动作重复练习，

WORKOUT

逐步过渡到完整练习。

3. 注意完成动作的优美性

基本动作是搏击操的基础。因此，动作是否优美和富有感染力是十分重要的。在基本动作的教学训练中，完成每个动作都要时刻注意身体各部位动作的规范化，按动作要领做到位，使动作优美大方。

4. 口令的运用

口令要清晰、洪亮、有节奏。根据动作的幅度和用力程序，口令应有轻重、缓急和强弱、快慢之分。初学时先跟口令练习，然后配合音乐。还可边喊口令边结合动作的要领给予提示和要求。

5. 及时纠正基本动作的错误

在基本动作的教学中，要及时发现和纠正错误动作。对共性的错误可集体纠正，然后对正确动作反复练习，使学生对动作有正确的肌肉感觉，形成正确的动力定型。

6. 音乐

音乐是搏击操的灵魂，是动作的旋律和节奏。在进行搏击操教学训练时音乐能刺激大脑中枢神经系统，使练习者兴奋并能丰富练习者的想象力和表现力。搏击操音乐应选择稳定、有明显节奏的音乐。一般可选用迪斯科、流行音乐、摇滚乐等。针对基本动作练习的音乐，应选用符合动作节奏的乐曲。例如，头颈动作可选用节奏适中或稍慢的音乐，跑跳练习可选择节奏强和速度稍快的音乐。

搏击健身操课程创编的基本要求及注意事项

❖ 搏击操创编的概念

搏击操创编就是在坚持全面发展身体的基础上，把握当前搏击操发展趋势，充分考虑场地、设施等因素，对已有的动作素材

进行加工、移植、对比和再创造，配以适当的音乐，编排出新颖独特的、适宜于不同人群或个体练习需要的单个动作、动作连接和动作套路。

❖ 搏击操创编概念的内涵

搏击操创编是依据练习者的审美情趣，选择动作练习为主要动作类型，并配以适合的音乐，并按照他们的生理、心理和解剖特征，对运动负荷进行合理安排的过程。科学合理的创编过程是开展搏击操的基础，实现搏击操以健身、健美、健心为目的一个重要前提，是决定搏击操动作多样性基本特征。创编的过程就是不断融入各种动作的再创造过程，即动作编排产生了多种形式的搏击操。

❖ 搏击操课程创编的意义

1. 搏击操创编是科学健身的基本要求

（1）搏击操创编为练习者提供了安全的健身方式

搏击操创编为练习者提供了安全的健身方式。搏击操属于有氧运动，最新的研究表明，有氧运动是最有利于健康的一种科学健身运动。有氧运动就是在氧供应充足的情况下的运动，使人的心率保持在最大心率的 60%～85%，使人的心血管系统在搏击操锻炼时承受适宜的负荷，机能得到改善和提高，从而避免剧烈运动引起的氧供应不足，心律过快导致的心血管系统负担过重，机能得不到提高，甚至是衰退。搏击操创编时选择动作都是对锻炼者身体全方位的考虑，即安全的动作，如在搏击操创编时一般不选择头颈用力旋及绕的动作，以及躯干在负荷的情况下的转、用力伸屈等动作，这样就避免了关节过度屈伸等动作可能产生的潜在危险。因此，创编搏击操给练习者提供了一种安全的健身方式，是科学健身的基本要求。

（2）搏击操创编为练习者提供了实效的健身方式

搏击操创编为练习者提供了实效的健身方式。搏击操近年来越来越受到人们的青睐，极其重要的一点是通过搏击操练习，可以明显地增加吸氧量，改善心肺功能，增强心肌，增加肺活量，减少心肺呼吸系统疾病。同时，骨骼肌肉的机能也会得到明显的改善，骨密质增厚，骨小梁排列紧密，肌肉力量增大，血液循环量增加。因此，搏击操提高了人体各方面的生理机能、心理机能，增进健康，起到延年益寿的作用。创编搏击操为练习者提供了实效性的科学健身方法，是科学健身的基本要求。

2. 搏击操创编是提高审美能力的有效手段

（1）搏击操创编使创编者充分考虑审美构成因素

搏击操创编使创编者充分考虑审美构成因素。搏击操是以人体为审美对象，在音乐伴奏下运用各种不同类型的操化动作，融体操、舞蹈、音乐为一体的大众健身方式。它以人体自身为审美对象，因此比较侧重于人体自然属性。线条和形体构成人体美的基础，是搏击操的主要审美构成因素。搏击操的形体美由运动员自身形态的静态美和动态美两方面组成。静态美主要包括三个方面，一是匀称、适度的人体各部分比例；二是完美发达的肌肉；三是健康美观的肤色。动态美则是通过创编搏击操，将搏击操动作串联起来，使静态美在运动中淋漓尽致地表现出来。另外，音乐的美也是搏击操的审美构成因素，根据不同风格的音乐，选编与之相宜的动作或根据不同类型的动作，配以与之匹配的音乐，都能培养我们的审美能力。因此，在搏击操创编过程中，充分考虑以上审美构成因素，是提高审美能力的重要手段。

（2）搏击操创编使创编者充分考虑审美构成法则

搏击操创编使创编者充分考虑审美构成法则。搏击操本身具有一定的审美特征，但要构成整体的形式美，还有赖于按一定的法则进行组合。搏击操审美构成法则包括整齐一律、均衡对称、对比调和、节奏韵律、多样统一。整齐一律又称单纯齐一，它是同一形式的一致重复，是最简单的形式美；对称指以轴线为中心的相等或相适应；调和是差异中求一致，即着重统一；节奏是指运动过程中力度变化的时序连续；在节奏基础上赋予一定情调便形成韵律；多样统一也叫和谐，是在变化中求统一，在参差中求整齐。搏击操的创编根据这些审美构成法则来进行，使创编者的审美能力得到不断提高。

3．搏击操创编是练习者主动参与健身的有效手段

（1）搏击操创编是增强练习者的健身意识，激发练习者的健身动机的有效手段

生命在于运动，健身运动已经成为现代人生活中不可缺少的一部分。搏击操动作丰富多样，节奏富于变化，是一项不断创新、不断向前发展的运动。在搏击操的练习中，学会几套操是远远不够的，加强创编能力的培养，使自己具备自编、自练的能力，在创编中注意发挥搏击操的健身功能，在练习中体会搏击操的各项健身功能，有利于参与者更加深刻地认识搏击操的各种健身功能，从而增强参与者的健身意识，激发参与者的健身动机。

（2）搏击操创编是保持参与者健身持续性的有效手段

搏击操的练习贵在坚持。终身体育的思想应该是我们的体育意识中相当重要的一部分。在搏击操的练习过程中，根据时间、地点、对象的变化，不断创编新的搏击操，使练习者在丰富多变的练习中，充分感受搏击操的丰富多彩与无穷魅力，是练习者保持健身的持续

搏

击

操

性，培养终身体育意识的有效手段。

4．搏击操创编提高了练习者的学习兴趣

（1）搏击操创编的全面性

创编各种形式的搏击操能吸引更多的人对搏击操产生兴趣。兴趣对人的认识活动有着非常重要的作用，学习兴趣一经激发，学习的积极性、自觉性就会提高。搏击操是在音乐的伴奏下融体育、舞蹈、音乐为一体的健身方式。搏击操的创编者可以根据不同的对象、场地、设施选择不同风格的动作和音乐，创编出不同风格、不同强度，适合不同对象、场地、设施的搏击操，以此来吸引大量的练习者根据自身身体条件、兴趣爱好选择适合自己的搏击操，从而大大提高了练习者的学习兴趣。

（2）搏击操创编的挑战性

创编搏击操是一件很具挑战性的工作，在创编搏击操的过程中，创编的各个元素总能激发创编者的创造性。这就使创编者对搏击操创编充满兴趣，不断钻研，勇于向搏击操创编挑战。如今的搏击操正在向多元化方向发展，内容更加丰富多彩，人们不再满足于一套或几套搏击操的学习。创编者不断将新事物融入搏击操的创编之中，创造出新颖独特的动作、动作连接与成套动作，不落俗套，创编出自己的风格。在创编搏击操的过程中，健身爱好者找到了更多的乐趣，从而大大提高了他们学习搏击操的兴趣。

❖ 搏击操创编的基本要求

1．动作选择的多样性

动作的多样性，是展示成套动作信息量的主要方式。多样性的技术要求是成套动作应该展示不同形式搏击操特色的上、下肢动作；

成套动作中应该体现不同的节奏以及与之完美结合的动作，成套中的动作形式、动作连接、动作造型与配合都应该均衡，以及体现动作利用场地的多样性。

搏击操动作丰富，变化多样，无论是身体动作还是持器械动作都包括多种多样、不同类别的动作。在搏击操创编过程中，将这些不同类别的动作用不同的方法组合起来，又会产生许许多多新的动作，再加上队形的变化，使搏击操充满了不可抗拒的魅力。搏击操的创编应充分根据人体解剖的生理特点，较大自由地选择各种各样的动作，既可以是对称性动作，也可以是不对称性动作；既有大幅度动作，又有中小幅度动作；既有原地动作，又有向前后左右移动的动作；既有肢体同时进行的动作，又有依次进行的动作；还可适当编入一些变节奏动作。这些动作相互交叉组合，使人体各个部位都能得到全面的锻炼，也使成套动作充满新鲜感。

（1）广泛积累动作素材，集中体现搏击操特色内容

通过对我国大量搏击操动作的选择和设计资料分析表明：体育舞蹈、艺术体操、爵士舞、芭蕾舞、武术、搏击等运动素材和舞蹈形式大量融入搏击操，使搏击操的动作日新月异，丰富多彩。所以，创编者应该广泛收集积累相关项目中有利于健身的动作素材，为成套操的创编提供丰富的动作内容，经过创造加工成为具有搏击操的特色动作。

搏击操融入了其他项目的动作，但这些动作应该改编成为符合搏击操运动的特殊要求和特征的形式，体现搏击操特色的内容。搏击操是在音乐的伴奏下连续完成一组富有创造性，充满动感、力量和节奏的动作组合，动作达到一定的运动强度，以锻炼心血管循环系统的耐力机能，表现搏击操项目的特色，对于任何直接引入其他

健身项目动作及动作特征的编排是不加提倡的。

（2）灵活改变动作因素，巧妙连接动作顺序

通过改变动作因素，获得丰富的单个动作和动作组合：搏击操的动作体现了人体在三维空间的活动，动作是搏击操创编的首要内容，搏击操创编的过程中就是通过对动作速度、动作节奏、动作路线、动作方向、动作力度与幅度等因素的合理改变和巧妙地连接，从而创编出面目全新、多种多样的动作组合。

通过改变动作因素，获得多种感觉效果，对于成套操具有积极影响：改变动作路线应该选择能够很好地在不同空间完成的各种动作并加以组合，避免集中利用一个平面，以体现成套动作对空间利用的多样性；改变动作节奏，快慢结合，有助于体现成套动作变化参差起伏，更富有激情和艺术表现力；改变动作的幅度，可以体现在动作的开始和结束之间的动作路线的长短，动作路线长，动作幅度相应就大；动作路线短，动作幅度相应就减小。

此外，动作的多样性，不仅体现在成套动作形式内容的多样上，也表现在一定的动作连接、动作造型和配合动作上，尤其是大型集体性的搏击操创编更应该重视这点。

2. 动作与音乐配合的一致性

（1）动作与音乐配合一致性的意义

音乐是声音的艺术，它作为完整的艺术形式有着自己独特、系统、完整的表达方式，搏击操的动作在音乐的衬托下，更具生命力与艺术性，扩大了表现空间。搏击操音乐的选配，要考虑到与整套操的创编意图相吻合，也就是说与动作的高潮与低潮相吻合，音乐的节奏与动作的节奏相吻合，音乐的感情色彩与动作的感情色彩相吻合，音乐的力度与动作的力度相吻合，等等。音乐要与动作保持高度一

致性，才能使音乐更好地衬托出搏击操的魅力，起到美化动作的效应，使动作与音乐成为一个整体。

（2）实施动作与音乐一致性的具体要求

实施动作与音乐的一致性：前提是建立在创编对象的个性特征上，不同的个性特征含有不同的表现力，创编动作、音乐风格应该根据创编对象现有的表现水平和自我的动作优势进行选择。

创编过程中始终保持音乐与动作风格的一致性：可以根据音乐风格设计动作，也可以根据动作特征选配音乐，但成套动作与音乐风格应该保持一致性，强化动作的力度、风格、意境及表现力，以体现成套动作的完整性，加强艺术效果。

创编的动作节奏与音乐节奏相统一：快慢的音乐节奏决定了动作的幅度和路线，快节奏的音乐应该选择动作路线比较短、运动幅度比较小的动作，以免音乐节拍已经结束，动作还未完成，影响创编的整体效果。

3. 运动负荷的合理性

（1）运动负荷合理性的意义

为了在搏击操练习中保持和不断提高循环、呼吸，以及肌肉骨骼的机能水平，在搏击操的创编中，我们应该注意搏击操负荷的合理性。搏击操要严格地把运动负荷控制在中小强度，使之确保运动当中的呼吸供氧。既要避免练习负荷过大造成的伤害事故，又要避免练习负荷过小而达不到锻炼的效果。运动负荷的合理性是搏击操创编的基本要求。

（2）实施运动负荷合理性的具体要求

根据不同创编对象合理安排运动负荷：这是因为不同运动对象的有效运动负荷有所不同。根据《健美操若干编排原则应用研究——

编排男青年健美操》一文指出，以心率为指标：幼儿健美操有效心率负荷强度为125～135次/分；少年为140～150次/分；中老年为120～140次/分；青年为145～150次/分。以最大摄氧量为指标，应该达到自身最大摄氧量的50%～60%负荷强度才能够有效锻炼身体，提高和改善心肺功能。

根据不同创编对象合理控制成套搏击操的时间：以最低有效锻炼的时间阈来衡量，幼儿3～4分钟；青少年为5分钟；中老年为3分钟左右为有效时间安排。

成套运动负荷的动态安排，应该呈波浪式向前进行，注意在出现多次高峰时每次的强度应有所不同，可递加或递减。成套动作时间越长，出现高峰的可能性越大，相反则越小。

4．明确创编的目的性

在搏击操的创编之前，我们应该首先明确创编该套搏击操的目的，是针对比赛创编，还是针对表演创编；是针对老年人创编，还是针对儿童创编；是针对室内创编，还是针对室外创编，等等，总之充分考虑创编涉及的各个因素，明确创编目的。明确创编的目的性是创编好搏击操的基本要求。

❖ 搏击操课程创编的注意事项

1．掌握搏击健身操的运动特点

搏击健身操结合了音乐、舞蹈、搏击、拳击、健美操等项目的特点，所以在创编搏击健身操时应该设计和编排具有搏击特色的动作——各种拳法（直拳、刺拳、摆拳、勾拳、冲拳）和各种腿法（前踢、侧踢、后踢、摆腿），避免单纯性的健美操动作出现。

2. 了解搏击健身操课程的设置安排

一般搏击操课程时间安排在 30 ～ 60 分钟，其中包括以下 3 个部分:准备活动 5 ～ 10 分钟,基本部分 20 ～ 40 分钟,结束部分 5 ～ 10 分钟放松运动。准备部分的动作应该先选择静态、大幅度的伸拉动作，再过渡到动态热身练习，以使练习者身体得到充分伸展的同时逐渐预热，为基本部分做好准备。热身部分的音乐速度应该较缓慢，一般控制在 100 ～ 135 拍 / 分钟为宜。基本部分的创编应该体现全面性和合理性原则，运动强度应控制在有氧区域内，达到最大心率的 60% ～ 80%。动作顺序要安排合理，通常可以选择较大幅度的踢腿、摆腿以增强运动负荷。基本部分的音乐应该选择节奏较快，激烈强劲的，音乐速度一般控制在 120 ～ 135 拍 / 分钟之间。结束部分的动作应该选择运动强度小的动作，可选择原地基本拳法或一些伸展性练习，以使练习者的心率得以恢复，避免疲劳。音乐速度：95 ～ 120 拍 / 分钟。

3. 了解搏击健身操的适宜性特点

（1）创编动作要符合搏击健身操的动作要求：动作的起始位置应该是腹部、下颚收紧,两手握拳于脸前（防御姿势）保持正常呼吸，不屏气。只有建立在这个基础上的创编动作才能够顺势用力，因为击拳时要由肩部带动出拳，在完成击拳和踢腿动作前一直要看着目标。体现搏击健身操的特色。

（2）成套动作设计的运动强度应该呈现波浪式，因为搏击动作本身运动量就比较大，应该及时采用高低交替的运动量动作组合进行练习。

（3）创编踢的动作时，避免设计向前扭胯的动作出现。这样会

导致压力集中膝部，绷脚尖会扭伤膝盖，应该设计向脚尖方向扭胯的动作，以减轻膝盖的侧压力。

（4）禁止创编下肢膝盖超伸的动作。应该始终保持膝盖弯曲（25度左右）不要僵直，以减轻缓冲。在创编下肢转体动作时要抬起膝盖，否则会扭伤十字韧带。

（5）创编动作时应该考虑场地：避免在拥挤的房间进行后踢的动作。

搏击操课程的创编依据

❖ 搏击操创编应该依据练习者的基本特征

搏击操的创编过程中要依据不同练习对象的基本特征，对练习强度、感受能力、表现能力等方面的不同要求，有针对性地进行创编，做到有的放矢。在创编风格、技术难度、负荷大小等方面要因人而异，才会收到良好的健身效果。

1. 搏击操创编应该依据练习者的年龄特征

不同年龄阶段的练习者在生理、心理上有很大的差异，因此在搏击操的创编上也有很大区别。

（1）儿童少年

为儿童少年创编的搏击操要突出天真活泼的特点，动作形象生动，力度、运动量不可太大，动作自然，轻松欢快，容易模仿，可多一些蹦蹦跳跳、趣味性强的动作，配以他们熟悉的儿歌等音乐，充分发挥他们模仿能力与表现能力强的特点，反映天真活泼的个性特征。

搏

击

操

（2）青年人

青年人正值青春年华时期，体力充沛，精力旺盛，动作敏捷，可选择动作幅度大、力度强、速度快、富有动感的动作，配以节奏强劲、变化丰富的音乐，以突出青年的豪放与激情。

2. 搏击操创编应该依据练习者的性别特征

搏击操向人们展示的是人体的健、力、美。性别的不同，其美的表现方式就不同。男性力量性较强，在创编时要选择和设计体现男性阳刚之气、潇洒豪放的动作造型。女性柔韧性、灵巧性较好，在编排上多一些舒展、优美、柔中带刚和舞蹈性较强的动作，以展示女性矫健的身姿。

3. 搏击操创编应该依据练习者的身体状况特征

搏击操的主要特征之一是健身性，发展人的运动基本素质，创编搏击操应该在保障健身者免受伤害的前提下，充分发挥搏击操的健身性。因此，创编搏击操应依据练习者身体状况的特征，充分考虑参与者自身的综合因素，根据练习者身体的协调性、灵活性、柔韧性、节奏感等能力，同时考虑练习者的身体健康状况特征，有针对性地创编不同类型的、负荷量适宜的搏击操，以达到健身的实效性。

❖ 搏击操创编应该依据场地、设施的环境条件

搏击操的创编除了依据练习者的特征外，还应该依据搏击操比赛或表演的场地、设施等环境条件。搏击操在室内、室外均可进行。一般来说，场地设施较好时，可以创编难度稍大些、较为复杂的搏击操；而场地、设施条件较差时，则需要降低搏击操的难度，以避免伤害事故的发生。另外，一套搏击操比赛或表演的人数可以从几人到几百人，甚至上千人，因此随着人数多少的不同、场地大小的变化，搏击操的创编应根据实际情况予以变化调整，使搏击操的创编与场地、设施等环境条件达到最佳结合。

❖ 搏击操创编应该依据搏击操的基本技术特点

搏击操在一定意义上可以说是以身体各关节的灵活性、肌肉的弹性、韧带的伸展性为基础，在身体各部位的参与下进行的一种健身运动项目。严格意义上说，是在身体标准姿态控制技术基础上的有节奏的弹动技术。随着搏击操运动的蓬勃发展，搏击操吸收了越来越多的运动项目的特点，并且技术发展正趋于成熟，越来越适合练习者健身的实用性和安全性的需要。其基本技术特点一般包括身体节律性弹性特点、身体姿态的控制性特点、身体的协调性特点，同时它派生力度特点、重心移动等特点。搏击操创编应该依据搏击操的这些基本技术特点，使练习者在搏击操练习中遵循搏击操的基本技术特点进行练习，充分体会基本技术特点的魅力。

1. 身体节律性弹动特点

在搏击操运动过程中，自始至终都保持着明确的动作节奏感，这种节奏主要体现在动作过程中重心上下起伏，全身的动作节奏始终与音乐的节奏相吻合，通过髋、膝、踝的弹动完成动作。弹性是搏击操的一大显著特征。弹性包括身体各关节的屈伸和缓冲弹性，身体各部分肌肉的屈伸弹性。其中较为重要的是身体各关节的屈伸。身体各关节的正确屈伸有助于缓冲压力，放松神经，使肌肉协调运动，避免动作僵化引起的身体各部位的伤害。另外，身体各部位的弹性也使搏击操动作表现出动感活力。例如，踝关节和膝关节的弹性是搏击操运动中十分重要的一环。踝关节和膝关节的弹性能缓冲运动中地面对身体的冲击力，使身体各部位协调运动，增加美感。搏击操创编应该依据搏击操的弹性特点，使练习者在搏击操练习中充分体验搏击操动作的独特魅力，这是搏击操运动的基础。在动作过程中，重心上下有节奏感的起伏是动作连续流畅完成的基本前提。

第

六

搏
击

操

2. 身体姿态的控制性特点

在搏击操运动过程中，无论动作怎样复杂多变，整个身体要求始终控制在标准健康位置。这里的身体标准姿态的控制技术包括身体重心的正确位置，身体各环节的正确位置，身体各关节的正确屈伸，身体各部分肌肉的正确收缩与放松。正确的身体姿态的控制技术使练习者身体各部位协调运动，有助于练习者更加有效地锻炼，预防身体各关节屈伸过度、肌肉过于收缩或过于放松造成的伤害事故的发生，这就是搏击操身体姿态的控制性特征。即便在长时间的复杂多变的步伐组合过程中或动作后，整个身体的标准姿态不被破坏。通过对身体姿态的控制来体现动作的速度、幅度等，展现搏击操的动作特点，体现搏击操所特有的动作力度，并通过对身体姿态的控制来提高人体的体态美。搏击操创编应该依据搏击操身体姿态的控制技术特点。同时，优美的身体姿态会给人以美的享受，提高观赏性。因此，在搏击操创编过程中，动作的创编应该充分考虑到身体姿态的控制技术特点，实现搏击操的技术特点。

3. 身体的协调性特点

搏击操动作一般皆为全身自然动作，每一节几乎全身各大小关节及大小肌肉群都要参加运动。组合越复杂，每单位动作速度就必须越快，变化的过程就必须越流畅，为此，就需要肌肉紧张与松弛相结合，需要关节屈伸动作的节奏和谐配合。搏击操动作大多为多关节的同步运动，很少是单关节的局部运动。例如完成大幅度的上肢运动时，多伴有腰、髋、膝、踝和头部等动作，这样使身体各关节的活动次数成倍增长。同时在搏击操运动中，不仅有对称性动作，还有许多非对称的或依次完成的动作。这些都要求肌肉、关节协调配合完成动作，体现身体的协调能力。

派生特点：搏击操动作的力度是搏击操动作美的体现。在搏击操练习中动作力度的发挥是非常重要的一环。创编搏击操时应该注意动作力度的特点，使搏击操动作符合生物力学特征，充分体现搏击操的力度之美。

4. 搏击操创编应该依据搏击操的重心移动特点

搏击操创编应该依据搏击操的重心移动特点。搏击操动作要求身体重心移动平缓。搏击操练习中，如果重心移动幅度过大，速度过快，不仅达不到锻炼效果，而且容易造成练习者的身体关节、肌肉扭伤，因此搏击操创编应该注意搏击操重心移动的特点。

❖ 搏击操创编应该依据搏击操技术风格多样化发展的趋势

搏击操是一项包容性很强的体育运动项目。随着搏击操运动的广泛开展，越来越多的运动项目的动作融入了搏击操动作中，使搏击操的动作风格趋于多样化。备受人们喜爱的拉丁搏击操、搏击搏击操、踏板搏击操就是搏击操与其他运动项目的完美结合。搏击操的创编应该依据动作风格多样性的特点，在创编中吸收更多项目中的新动作，使搏击操的创编更加丰富多彩。

搏击操课程的创编原则

❖ 目的性原则

1. 目的性原则的含义

搏击操目的性原则是指在搏击操创编过程中，以最终所要达到的目的或获取的结果为核心根据，在创编过程中着重采用因目的任务不同而导致成套编排的结构、动作难度、动作特点、音乐速度等诸多创编因素的不同的创编意识，进行有明确性、有实效性的创编。

2. 目的性原则的意义

在搏击操创编过程中遵循目的性原则主要是为了更有效地达到创编的目的，使创编过程更有目标性、组织性、实效性。

3．目的性原则的实施

（1）以教学为目的的搏击操创编

以教学为目的的搏击操创编是指搏击操在各级学校中，以培养学生良好的思想品德、强身健体、掌握健身方法、树立正确的审美观，使学生全面发展,并为终身体育打下基础为目的的创编。具体实施如下：

以遵守教学大纲要求为前提进行创编：教学大纲是教学的依据与纲领，搏击操教学应该严格按照大纲的要求进行教学，以达到教学的任务与目的，因此以教学为目的的搏击操创编必须按照大纲的要求与标准进行。以大纲中的规定教材为核心动作进行创编，避免超过课程标准以外动作的出现，而影响教学任务的顺利完成。

以增强学生体质和提高学生的身体素质为目的进行创编：搏击操教学属于体育教学这一大家庭，因此必须体现健身功能，以促进学生更好地学习与生活。创编时应该首先考虑编排动作的锻炼价值，其次应该考虑成套的运动负荷，动作的顺序与动作连接得是否合适，始终围绕促进学生增强体质、培养学生正确姿态的动作进行编排。

以激发学生的学习兴趣，有效提高教学质量与教学效果进行创编：编排学生喜爱的动作，选择富有激情和流行的音乐，动作轻快活泼，积极向上，创编出更吸引学生的成套动作，以提高学习的积极性，进而提高教学效果。

（2）以娱乐、表演为目的的搏击操创编

以表演和娱乐为目的的创编，是从艺术性、观赏性出发，通过选择和编排优美、新颖、高度艺术性的动作组合，形成高雅、清新的文化氛围，给人以丰富的视觉效果，同时使人身心愉悦。

创编的动作上应该多借鉴各种舞蹈的表现艺术，使人们在活动中表达一定的心绪和感情，以提高搏击操的艺术魅力，增强娱乐性、表演性。可以通过借鉴体育舞蹈、艺术体操、武术、芭蕾舞的多种艺术表现形式，将搏击操的特色动作与高度的艺术性进行有机结合，反复再创造，充分体现搏击操的特殊艺术魅力，提高观赏价值。

注重创编技巧，选择最美最新颖的组合形式和动作内容，提高成套动作的表现力，以满足观众的审美需要。创编者可以将编排好的单个动作一一罗列出来，选择适宜的动作连接，再进行最优化的组合，以体现成套动作的连贯性、流畅性，表现成套动作的完整性和艺术性。

单人表演性的创编要注重体现个性特征，因为表演者之间有着各种差异，除了个性差异外，还有运动能力、身体素质、技术水平、外形及表现力的差异。在创编过程中应该充分掌握表演者的基本特征，充分挖掘个性特点，扬长避短。团体性的表演则侧重队形的变化。队形编排应该考虑比赛场地、设施条件、性别差异；队形变化过程中注意自然流畅、位置移动合理等。

（3）以健身为目的的搏击操创编

在进行搏击操的创编过程中，围绕以提高身体循环功能，促进骨骼与肌肉的发展，全面提高身体素质和心理健康发展为目的进行创编活动。具体实施如下：

围绕以全面提高健康水平、发展人体运动素质、改善体形，进行组织与编排。主要是要求创编者在编排中避免容易造成伤害的方法与手段。应当注意科学安排各种动作顺序以及动作之间的连接过渡，避免一些反关节的运动或关节受压过度违反人体生理活动规律

的动作。一般而言，活动部位应该从远离心脏的肢体末端开始，逐渐过渡到躯干直至全身性的活动，使身体逐渐参与和适应运动的变化。

强调对运动负荷与运动量的监控。创编成套动作的运动负荷与运动量一定要符合练习者的身体状况和运动能力。过大或过小的运动量和运动负荷都会产生负面影响。此外安排运动量应该由小到大，逐渐增强，再由强到弱，符合人体运动负荷曲线，即使人体心率曲线呈波浪式上升或下降。

成套的创编要保证人体各部分得到充分的锻炼，通过改变运动方向、位置、节奏、路线，以促进肌力的增加和提高各个关节的灵活性。在创编的过程中力求充分动员机体，避免局部运动量过大或参与不够，这就要求在动作设计上，既要有上肢、下肢、头部躯干的动作，也要重视小关节的运动，讲究对称和均衡。

❖ 合理性原则

1．合理性原则的定义

搏击操合理性原则是指在搏击操创编中，严格遵守人体运动生理解剖规律、运动负荷曲线，并以此为依据进行选择创编的方法、形式、内容和技巧，提高创编的科学性。

2．合理性原则的意义

在搏击操创编中遵循合理性原则主要是为了防止创编的动作违背人体生理解剖规律，从而造成运动损伤，或因运动负荷不合理而造成的运动疲劳，为练习者建立最科学、最可靠、最安全的保障，提高健身效果。

3．搏击操合理性原则的实施

（1）根据人体运动生理解剖规律，合理安排动作顺序

成套的编排应该根据人体运动生理解剖规律，合理设计动作的顺序。成套的动作顺序一般分为三部分。第一部分预备动作，主要包括脊柱伸展及深呼吸;第二部分主体动作，包括若干节身体部分的运动，身体运动由局部到整体。第三部分整理动作,一般为放松和调整动作，动作设计应该从快到慢，伴以深呼吸，使心率恢复到安静状态。

根据人体运动生理学规律，运动一般从身体的远端开始再逐渐过渡到全身，使身体逐步适应运动变化，所以创编时应该合理安排和设计动作顺序。主要是要求创编者在编排中应避免容易造成伤害的方法与手段，避免一些反关节或关节受压过大的运动，严格遵守人体生理活动规律，这样不仅可以使身体肌肉顺势用力，而且可以体现成套的自然美。

根据人体运动解剖学，将人体沿脊柱纵向把人体分为对称的两个部分，因此在创编的过程中应该充分地考虑人体左右的均衡发展。当我们设计动作时，特别是人体单侧动作，要注意安排同等运动另一侧的动作，只有这样才能保证两侧均衡发展。

（2）根据人体运动负荷曲线，合理安排运动的负荷强度

搏击操锻炼的运动负荷主要指练习者在做搏击操练习时的运动量和运动强度，这里包含指数（如时间、次数、密度、强度等）和机体反应指数（如心率、肺通气量、耗氧量、血压、体重等)，两者有密切的联系，必须科学合理地安排。具体实施如下：

控制运动负荷在创编的过程中是非常重要的。如果负荷强度安排不合理，则会严重影响到练习效果，甚至造成运动损伤。所以，搏击操严格规定把运动负荷控制在中小强度，使之确保运动当中的

呼吸供氧。

根据锻炼的目的，选择合适的运动负荷。国内外一些专家把心率作为衡量运动负荷的一种方法，把同年龄组运动最高心率和实际运动心率进行比较，把运动强度划分为三个区：当运动者的平均心率达到其最高心率的60%～80%时为健身区（此时心率越高对身体的影响越大，锻炼的效果越明显）；高于80%为强化训练区（此时运动强度大，且影响身体更剧烈）；低于60%为消遣区（此时只起到一般性活动身体的作用）。

在创编搏击操时，应该注意运动负荷的设计在过程中呈波浪形上升与下降，总体运动负荷可出现一个到三个高峰，注意在出现多次高峰时每次的强度应有所不同，可递加或递减。成套动作时间越长，出现高峰的可能性越大，相反则越小。

❖ 针对性原则

1．针对性原则的定义

针对性原则是指在搏击操创编的过程中要针对不同的年龄、性别、运动水平以及练习者的心理、爱好以及接受能力、参与搏击操活动的需求等不同侧重，有的放矢地进行搏击操的创编，做到因人而异。

2．针对性原则的意义

对于不同的练习对象，其动作的接受能力、感受能力及表现能力都有所差异。因此，在编排时应该注意动作的难易程度、动作的风格及练习的强度，有针对性地选择切合实际的健身方法和手段。

搏

击

操

3．针对性原则的实施

（1）针对不同年龄的创编

编排对象的年龄不同，其生理特征和心理特征就会有很大差异，创编时应该考虑对象的年龄特点。具体实施如下：

针对儿童的创编：首先应该明确少年儿童的生理心理特点，主要表现在：身高和体重都随着年龄的增长而增加。骨骼系统中，骨胶原多，富有弹性，骨密度低，坚固性差，易变形。肌肉特征表现为肌纤维较细，收缩力较弱。心脏器官发育未完全，心肌收缩力弱，每搏输出量少，运动时需要增加运动次数来增加血流量。神经系统发育完全，但功能比较弱，容易扩散，易受外界干扰。心理方面主要表现为注意力不能长时间集中，情绪波动较大。其次应该根据儿童的身心特点进行创编，避免一些有损儿童生长发育的动作出现。最后应注意突出儿童的天真活泼，动作要形象、直观、生动，避免单调专一，切忌成人化。

针对青年人的创编：首先应该明确青年人的身心特点，其主要表现在：新陈代谢旺盛，精力充沛，动作敏捷。从心理上看，青年人不仅追求身体健康，更刻意追求形体美，表现性别特征。其次，应该根据这些特征进行有针对性的创编。例如，成套动作的难度、运动强度和运动时间可以适当增大延长，以满足众多青年减肥降脂的目的，增加肌肉线条体现优美的体态。最后，在为青年人创编时，要突出青年人的豪迈与激情、蓬勃与朝气，所以选择音乐的节奏要明快强劲，练习强度要较大，动作幅度大、力度强，以促进身体各系统、器官的正常发育，加速身体成长。

（2）针对不同性别的创编

针对女性的创编：为女性创编时首先应该明确女性的生理心理

搏

击

操

特点。总体来讲女性的肌肉力量较弱，下肢短，皮下脂肪较厚，协调性、柔韧性较好。心理特征主要表现在增强体质，体现女性的形体美。因此，在创编的过程中适当增加肌肉力量的练习和跳跃动作的练习。其次，应多设计一些影响胸、腰、腹、臀的动作，从而突出女性身体的曲线美。最后，动作编排应该以表现女性舒展优美、柔中有刚、刚柔相济，舞蹈性强的动作为主。

针对男性的创编：为男性创编时同样要抓住男性生理特征，其主要表现为肌肉发达，力量较强，体力充沛，但协调性柔韧性较弱；其心理特征主要表现在，增加肌肉的围度和力量，体现男子的强壮粗犷。所以，在创编男性搏击操时要选择和设计能体现男子的阳刚之气、豪放之情，能展示男子强壮体魄、刚劲有力，健美性强的动作和造型，尤其强调动作力度。

（3）针对不同运动水平的创编

运动水平决定了创编动作的难易程度、成套动作的运动负荷，以及成套艺术性的表现，所以应该根据不同的运动水平进行创编。具体实施如下：

针对初学者的创编：创编的动作应该以基础性动作为主，简单易学，避免过多的动作变化与转体类动作，运动强度中等偏下，以适应练习者的运动水平。练习初期动作安排主要以增强体质、提高身体素质、提高心肺功能和肌肉的活动能力为核心进行。

针对有一定基础学者的创编：针对有一定基础的大众搏击操学员，应着重于形体的改善、气质的培养等。因此，设计和编排要相应变化，抓住重点。动作的难度应相应增大，即动作的频率加大，速度加快，上下肢的配合要求更高。在编排时，可以考虑一些练习队形及在队形上的变化，这样既能提高娱乐效果，又能培养团结协作的品质。同时，在编排动作时要拓宽素材内容，突出风格，突出审美要求，寓情于姿，把人的外部表现和内在神韵融为一体，表达美的意境。

❖ 全面发展原则

1. 全面发展原则的定义

搏击操创编的全面性原则是指在搏击操创编中，以全面发展人体健康和健美的需要为前提，尽量考虑人体参与运动的部位，使身体各部位的肌肉、韧带、关节得到全面发展，内脏器官机能得到改善。

2. 全面发展原则的意义

在创编中遵循全面发展身体原则主要是由搏击操的目的和性质所决定的。搏击操的目的之一就是通过搏击操的锻炼，使身体各部位的关节、肌肉、韧带和内脏器官得到参与和锻炼，从而促进身体功能、身体素质以及运动能力都能全面协调发展。所以，创编的成套动作要尽可能使身体各部位都得到充分锻炼，才能真正达到全面健身的目的，从而能够充分体现搏击操的特点。

3．全面发展原则的实施

（1）动作选择方面要趋向全面性

动作类型如走、跑、跳、转体、踢腿、造型等，只要不违背生理结构的身体动作都可以纳入。

根据人体解剖学特征，选择各个部位的基本动作。

头颈动作：前后屈、左右侧屈、左右转动、绕及绕环等。

上肢动作：肩、肘、腕、指各部位的屈、伸、举、振、摆动、绕环等。

躯干动作：腰、胸各部位的前后屈、左右侧屈、左右转动、绕及绕环等。

下肢动作：髋、膝、踝各关节部位的屈、伸、绕等。

通过改变基本动作的方向、幅度、频率、速度、节奏、力度，达到全面锻炼目的的搏击操的动作，是在一定的时间、空间中进行的，它的时间表象和空间表象的变化丰富与否直接影响搏击操对人体锻炼的效果。因此，在创编搏击操时应当考虑动作的方向有上下、左右、前后、斜向等变化，动作的路线有长短、曲直的搭配，动作的幅度、速度、力度方面有大小、快慢、强弱的对比。动作的时空变化丰富也有助于改善神经系统功能的状况，提高协调灵敏素质，进一步促

进身体的全面发展。

为了全面发展身体，使身体各部分得到充分的锻炼，创编时在动作的设计上要讲究对称，也就是要求动作的部位、方向、重复次数、运动时间等实现对等。此外重视大关节运动的同时，不能忽视小关节的运动，力争考虑全面，才能保证身体健康均衡地发展。

（2）在每个部位尽可能全面运动的基础上，应该重视编排的合理性。

成套动作的设计对身体各部位练习比例要均匀，避免局部运动负荷过度，引起疲劳。

成套动作的设计不仅要重视发展肌肉力量，还要发展柔韧性、协调性、速度、耐力等各种身体素质，从而全面促进身体各项素质的发展，全面锻炼身体。

（3）全面发展身体的有效性不仅建立在有系统的设计与组织上，而且建立在有针对性的练习上。

按照全面系统的设计程序进行创编，是达到全面健身的基础。完整设计程序一般是指从总体设计—形成框架—分布编排—音乐选择到套路修订，在整个设计的过程中要考虑各个动作对身体的影响，以有效地提高练习者的身体机能。

不同的目的任务有不同的创编，所以创编时不仅以全面发展身体为基础，而且要针对练习者的不同目的有所侧重，对症下药，这样既能发挥有效的健身作用，又能满足练习者的需要。

音乐与动作一致性原则

1．音乐与动作一致性原则的定义

搏击操的音乐与动作一致性原则是指在搏击操创编时，将音乐艺术的“声”引进到搏击操动作的“形”中，有机地结合成为一体，使单一的感知动作成为运用两种感官复合感知的搏击操，提高搏击操的艺术效果。

2. 音乐与动作一致性原则的意义

音乐是搏击操的灵魂，它影响着搏击操的风格、结构、速度、节奏，音乐伴奏烘托了搏击操的气氛，有助于表现搏击操的魅力，使搏击操的练习和表演有声有色。如果搏击操失去了音乐的伴奏，就如一潭死水没有波澜。选配好的音乐不仅能够激发编操者的创作灵感和练习者的锻炼激情，还可以强烈地感染观众，使观众伴之以有节奏的掌声和情不自禁地低吟，甚至手舞足蹈，完全融入搏击操的意境中。因此，创编一套成功的搏击操，其动作随着音乐的启动而开始，随着音乐的变化而变化，随着音乐的结束而结束，才能给人以形影难忘的印象。

3. 音乐与动作一致性原则的实施

健身搏击操音乐的选配，要考虑到音乐与动作风格的统一，同时还要考虑到搏击操是健、力、美的统一体，强调美与力的结合，所以它的旋律要动听，力求新颖，富于变化，节奏鲜明、强劲、规整，速度适中，必要时可对音乐进行剪辑。音乐与动作的统一具体表现在：

（1）动作的高潮、低谷与音乐的起伏相一致

伴随音乐的节奏变化，配合各种动作递次进行，推波助澜逐步达到高潮。例如，当成套动作的高潮到来时音乐应该强劲有力，节奏明快，火爆热烈，以突出高潮。

（2）音乐的风格与动作的风格相一致

创编搏击操时，因为选择的动作素材以搏击风格为主，这就需要用合适的乐曲相伴奏才能相吻合。如若选用其他风格的音乐，就会形成风马牛不相及的负面效果。

（3）音乐的节奏与动作的节奏相一致

创编搏击操时，一定要根据音乐的结构完成动作的编排。选择快节奏的音乐就要编排快节奏的动作，慢节奏的音乐就应该与慢的动作相吻合。如果节奏不一致，就会使动作失去动感韵律，破坏了原有的完整性。例如，编排节奏明快、强劲有力的动作，采用柔和慢节奏的音乐，就会使原有的动作拖泥带水，毫无激情，缺乏感染力。

（4）成套动作的时间与音乐时间的一致性

搏击操在时间上是灵活多变的，但无论成套动作的时间长与短，都必须与音乐时间的长度一致。所以编排的音乐与动作，都必须在相同的时间内完成相对完整的结构与情绪表达。

（5）不同相应节奏的曲调配合

在一套练习中可以用一首曲调的音乐贯穿始终，也可以用同样节奏的几首不同曲调的音乐，或不同节奏不同曲调的音乐与相应动作节奏配合。因为一套操中的动作节奏会有快有慢，乐曲也应该有相应的变化与之相配合，从而达到动律统一的效果。

❖ 创新性原则

1. 创新性原则的定义

搏击操创新性原则是指在搏击操创编中，成套的设计必须给人以令人难忘的与众不同的新颖感觉，它必须展现音乐、动作设计，与独特的创造性完美结合。

2. 创新性原则的意义

搏击操要敢于创新，敢于突破旧的传统。可以说创新是搏击操的生命，没有创新就没有搏击操的发展。此外，创新性原则主要是了解国内外搏击操的发展现状和趋势，以便总结、继承和发展已有

的创作结晶。因此，在搏击操创编时必须遵循创新性这一重要原则。

3．创新性原则的实施

（1）创新动作的编排

可以从动作方向的变化、动作节奏的变化、动作路线的变化、成套组合动作的变化，以及造型的变化、队形的变化中获得。创编搏击操更具有灵活多变性，它可以移植吸收各种优美的健身动作，只要符合人体生理解剖规律。所以，创编动作不仅要使各种动作相互交融，刚柔相济，而且要建立在全身整体机能得到锻炼的基础上，力求整套动作变化丰富，姿态优美，富有新鲜感，编织成为一幅美不胜收的健与美的画面。

（2）创新的动作要根据人体结构的运动规律设计独特新颖的动作

整体布局新颖，连接过渡要巧妙而流畅。搏击操创新动作的方法通常有：①移植法，是指把一个项目的动作部分或全部引入到搏击操中来，并通过一定的改造而获得新动作的方法。②逆向法，把原有的单个动作或组合动作顺序颠倒，从中启发或获得新动作的方法。③节奏变化法，是指通过把原有的动作以改变节奏获得新动作的方法。

（3）音乐的选择要有新意

不论是民乐、西乐、打击乐，都可以大胆地选择，以促使动作刚劲、有力、明快，与动作协调配合，激起观众的感情，给人以深刻的印象。

（4）丰富的想象力

想象力是创造力的源泉，是对事物未知领域的设定与判断。想象力并非凭空而来，而是通过对周围事物的观察分析加工而来。所以创编者首先要丰富自己，了解国内外搏击操发展的新动态，深刻理解健身搏击操的精髓，并借鉴体操、艺术体操、体育舞蹈、武术、瑜伽等多种健身素材，创编出既有健身价值又有艺术价值的搏击操。

小贴士

你知道吗，谁需要有氧搏击操？

1. 心理压力大，需要发泄的人群

有氧搏击操动作变化多，包括直拳、勾拳、摆拳、正踢、侧踢、侧蹬等搏击动作，而且在做每个动作时要求迅猛、有爆发力。所以，健身者在锻炼全身每一块肌肉的同时，身体的弹性、柔韧性及反应速度也将得到提高。

有氧搏击操运动在出拳时，要求腹肌收缩、大吼一声，这不但可锻炼到平时不常使用的腰腹肌，而且用力出拳、大吼大叫是缓解情绪的好方法，通过这种方法可宣泄情绪、减轻压力。一小时之后，心情也会轻松不少，许多跳过“搏击操”的人都感觉畅快不已。

2. 身体赘肉过多的人群

有氧搏击操结合拳击及武术的基本动作，强调运动者必须仿效拳击选手，保持灵活的下肢移动及左右挥拳的身手，短短一小时内做出许多不断重复的拳击、踢腿等快速动作，但又不需要全身动作协调，比韵律操更容易上手，所以越来越多的人爱上了它。有氧搏击操是一种好玩而不伤害任何人的发泄法。因为健身者不是跟别人搏击，也无须任何器材，而是利用身体面向镜子向空中挥拳。

有氧搏击操运动量相当大，只要跳个 15 至 20 分钟，就能让人累得满头大汗。有氧搏击操不只燃烧热量，帮助减肥，也可锻炼身体各个部位，达到健美健身的效果。

有氧搏击操由于瞬间爆发力强、肢体伸展幅度大，运动量比传统的健美操更大，适合脂肪堆积过多的年轻人。因为有氧搏击操中的所有动作，几乎都要求腰腹保持平衡并发力，所以一节课下来对腰腹部的锻炼，超过了任何其他健身方式。有氧搏击操能够让健身者的侧腰、腹部、大腿、手臂、肩背减少脂肪，达到瘦身的目的，非常适合长时间久坐致使脂肪堆积在腰腹部的现代人。

3. 适宜人群以及不适宜人群

搏击操是大部分人都可以练习的。搏击操本身的阳刚风格和简单易学都会吸引很多男性，实际上在健身房也有不少女性来练习，搏击操给她们带来很酷的感觉。当然，考虑到搏击操有一定的强度，所以年龄太大还是不太适合的。在练习过程中，运用有氧运动的心率范围公式：（220 − 年龄）×（60% ～ 80%），教练会根据健身者的年龄为其调整运动强度。作为健身者本身，也应根据实际情况，调整动作幅度，以不超过 80% 的上限为宜。其次，搏击操要求速度和力度的完美结合，可以消耗大量的热量，做一小时的搏击操可以消耗 600 卡的热量，是跳健美操的两倍，而且练习搏击操可以加强腰部和腹部的肌肉力量，持续练习三个月后能让健身者拥有很好的耐力。最适合练习搏击操的人群是脂肪堆积比较多的女性，在燃烧热量的同时，锻炼身体各个部位，达到健美的效果，而且还可以舒缓压力。最不适合练习搏击操的人群是患有高血压、心脏病的人，由于搏击操的运动量很大，有很多踢腿、打拳的动作，对高血压和心脏病患者非常不利。

搏击操是女性塑形最好的选择

1. 减肥塑形

这是最直接的体现，你想想看，这可是比健美操更消耗脂肪的运动，手脚并用，腰腹作为中枢轴，锻炼时间也是最长的。由此可见，如果搏击操不能减肥塑形的话，还有什么运动值得减肥者相信呢?

2. 提高身体素质

跳搏击操时，那是相当于你既在进行武术锻炼，又在跳舞，身体的各关节、韧带、肌肉都在无时无刻地得到刺激，因此你的柔韧性、协调性、平衡性以及肌肉力量都会得到一定的提高和改善。

3. 释放压力

压力是现在这个社会最普遍存在的问题，每天忙碌不停地伏案工作，回到家又被生活中的烦琐之事困扰，真是压力山大。这时候，你很需要来一次痛快的呐喊发泄，而搏击操就很适合你，你可以把每天所有的郁闷和不顺都“拳打脚踢”，狠狠打，狠狠踹，狠狠发泄。

有氧搏击操效果简述

有氧搏击操动作简单易学，每个星期只要作 2 ～ 3 次，一个月之后，身体就会有以下明显的变化：

1. 肌力、柔软度会获得大幅度提升。有氧搏击操的动作在发力时要求迅速有力，但收缩时自然、放松、快捷，通过局部与综合的动作练习，在练习过程中动作速度的逐渐加速，大幅度地反复练习，肌纤维的反复伸缩，使肌肉的力量与弹性得到了增强，反应速度加快。各种踢腿对下肢的柔韧性非常有效。

2. 加强关节活动能力、肌耐力的锻炼，身体不再僵硬。

3. 协调力和平衡感会明显进步许多。

4. 消耗热量并增加肌肉量，进而减轻体重。有氧搏击操采用了长时间保持中低强度运动的状态，因此需要动用体内大量的能源物质——血糖与脂肪，所以有氧搏击操练习对于那些希望减脂的朋友无疑是非常有利的。

5. 减少侧腰、腹部、大腿、手臂、肩背的脂肪。有氧搏击操中的各种拳法与腿法，都要求腰腹发力，可以说腰腹练习始终贯穿整个练习之中，大量的腰的摆动与腹部的收缩，使锻炼者的腹部变得强健平坦。

6. 提高肌肉的爆发力、耐力、心肺功能、平衡能力、敏捷和协调能力，增加肌肉力量。

7. 消除自卑感，提升自信心及自我判断能力。通过有氧搏击操的练习，身体素质将得到发展，身体的健康得到提高，形体接近理想，因此，会使锻炼者在日常的生活和工作中更具活力与自信。

8. 假想敌就在你面前，可能是骂了你一整天的上司，也可能是工作不配合的同事，出拳、踢腿、发泄心中的不满，一小时之后，心情就会轻松不少。

图书在版编目（CIP）数据

搏击操 / 谢雷编著. -- 长春 : 吉林文史出版社, 2014.7（2023.6重印）

ISBN 978-7-5472-2223-2

Ⅰ. ①搏… Ⅱ. ①谢… Ⅲ. ①健美操 – 基本知识 Ⅳ. ①G831.3

中国版本图书馆CIP数据核字(2014)第133981号

搏击操

BOJICAO

出 版 人　张　强
主　　编　周殿学　周洪生
编　　著　谢　雷
责任编辑　王　新
封面设计　袁　野
出版发行　吉林文史出版社
地　　址　长春市福祉大路5788号
网　　址　www.jlws.com.cn
开　　本　720mm × 1000mm　1/16
印　　张　12
字　　数　100千
印　　刷　天津市天玺印务有限公司
版　　次　2015年5月第1版　2023年6月第4次印刷
书　　号　ISBN 978-7-5472-2223-2
定　　价　59.80元